10대에 꼭 해야 할 32가지

10대에 꼭 해야 할 32가지

초 판	1쇄	2006년 7월 26일
개정1판	7쇄	2011년 2월 10일
	18쇄	2014년 12월 30일
개정2판	19쇄	2016년 2월 10일
	24쇄	2019년 4월 22일
개정3판	25쇄	2021년 5월 10일
	45쇄	2024년 1월 10일
	47쇄	2024년 12월 2일

지은이 김옥림
펴낸이 김순일
펴낸곳 미래문화사
신고번호 제2014-000151호
신고일자 1976년 10월 19일
주 소 경기도 고양시 덕양구 삼송로 222, 현대헤리엇 업무시설동(101동) 301호
전 화 02-715-4507
팩 스 02-713-4805
이메일 mirae715@hanmail.net
홈페이지 www.miraepub.co.kr
블로그 blog.naver.com/miraepub

ⓒ 김옥림, 미래문화사 2021

ISBN 978-89-7299-528-9 (43190)

13-18 세대에게
하루하루의 가치를 알려주는 멘토링

10대에 꼭 해야 할 32가지

김옥림 지음

미래문화사
MIRAE

인생은
10대가 가장 중요하다

인생은 10대가 중요합니다.

이 시기는 몸과 마음이 가장 활발하게 자라는 때이어서 자신의 빛나는 미래를 위해 '꿈의 골조'를 세우는 가장 눈부시고, 가장 소중한 시기입니다.

성공한 삶을 살았거나 살고 있는 사람들은 이 10대에 꿈의 골조를 세웠고, '꿈의 빌딩'을 짓기 위해 '꿈의 벽돌'을 차곡차곡 쌓아 올렸습니다.

세계 최고의 영화감독 스티븐 스필버그, 정치가와 과학자로 이름을 드날린 벤자민 프랭클린, 소설《노인과 바다》로 노벨문학상을 수상한 어니스트 헤밍웨이, 맨주먹으로 '현대 신화'를 이룬 정주영, 아르헨티나 특급 축구 스타 리오넬 메시, 골프 여제 아니카 소렌스탐, 아시아의 홈런왕 이승엽, 축구 천재 박지성, '브리튼즈 갓 탤런트'의 우승자 폴 포츠, 세계적인 첼리스트 장한나 등은 자신만의 개성과 특기를 살려 꿈의 골조를 세우고, 피나는 노력 끝에 꿈의 빌딩을 우뚝하게 세웠습니다.

현대는 개개인의 개성과 특기가 요구되는 무한 경쟁의 시대입니다. 그리고 사람들에겐 누구에게나 자신만의 개성과 특기가 있습니다. 이 자신만의 특성을 살리는 것이 성공의 지름길입니다.

지금 우리나라 10대들은 공부와 전쟁을 치르고 있습니다. 친구들과 터놓고 마음 편히 얘기조차 못 한다고 합니다. 심지어 서로 경쟁자가 되어 견제하느라 친구의 교과서와 참고서를 몰래 감추거나 찢어 버리기도 한답니다.

우정을 쌓아 아름다운 인생의 친구가 되어야 할 10대들이 서로 경쟁의 적이 되어야 하는 우리의 현실이 안타깝습니다.

참된 성공은 자신만의 개성과 특기를 통해 만들어지는 것입니다. 그런데 우리나라의 10대들은 개성과 특기를 살릴 겨를도 없이 공부에만 내몰리고 있습니다.

나는 우리 10대들에게 아름다운 꿈을 찾아 주고, 그들의 마음의 짐을 조금이라도 가볍게 해 주고 싶어 《10대에 꼭 해야 할 32가지》를 썼습니다. 10대들에게 인생을 멋지게 살아가는 32가지 방법을 구체적인 예를 들어 생생하게 제시했습니다.

공부가 아무리 바빠도 자신의 행복한 미래를 위해서 책을 꼼꼼히 읽고, 실천해 보기 바랍니다.

다행히 《10대에 꼭 해야 할 32가지》가 그동안 독자 여러분들의 사랑을 받아 이번에 새로운 그림과 디자인으로 선보이게 되었습니다. 이 책이 청소년들에게 꾸준히 읽혀 푸른 꿈을 키워 나가는 10대들에게 아주 작은 도움이나마 줄 수 있다면 저로서는 무척 보람되고 기쁜 일입니다.

이들이 성인이 되어서도 꿋꿋하게 자신의 꿈을 향해 나아가기를 진심으로 바랍니다.

끝으로 이 책은 반드시 10대의 자녀와 부모님이 함께 읽으실 것을 권고 드리며 여러분 모두의 성공을 빕니다.

김옥림

| 차례 |

작가의 말 · 5

contents

  정서와 교양이 풍부한 내가 되자

④ 행복한 삶을 위한 행복 채우기

1장

나를 사랑하고
나다운 사람이 되자

"지금 하십시오"

할 일이 생각나거든 지금 하십시오.

오늘 하늘은 맑지만, 내일은 구름이 낄지 모릅니다.

어제는 이미 당신의 것이 아니니, 지금 하십시오.

친절한 말 한마디 생각나거든,

지금 말하십시오.

내일은 당신의 것이 아닐지 모릅니다.

사랑하는 사람은 언제나 곁에 있지 않습니다.

사랑의 말이 있다면

지금 하십시오.

미소를 짓고 싶거든

지금 웃으십시오.

당신의 친구가 떠나기 전에

장미는 피고 가슴이 설렐 때

지금 당신의 미소를 주십시오.

불러야 할 노래가 있다면
지금 부르십시오.
당신의 해가 저물면 노래 부르기엔
너무나 늦습니다.
당신의 노래를 지금 부르십시오.

– 로버트 해리

지금이 행복해야
미래가 행복하다

자신을 사랑하는 마음을 갖자

사람은 누구나 사랑하고, 사랑받기 위해 태어난 소중한 존재입니다.

그런데 많은 사람들이 자신을 불행한 존재라고 생각합니다. 자신을 불행하다고 여기는 사람들은 항상 얼굴에 그늘이 져 있고, 매사에 자신이 없고, 남의 것을 부러워한답니다. 비록 스스로 만족하지 못한다고 해도 자신을 학대하거나 불행한 일을 저질러서는 안 되지요.

사람에겐 그 사람만이 지니고 있는 저마다의 특성이 있습니다.

얼굴이 잘생겼거나, 글을 잘 쓴다거나, 공부를 잘한다거나, 노래를 잘 부른다거나, 그림을 잘 그린다거나, 성격이 좋다거나, 공을 잘 찬다거나, 달리기를 잘한다거나, 손재주가 유달리 좋다거나, 참을성이 많다거나, 인정이 많고 친절하다거나 등등 반드시 그 사람만이 잘할 수 있는 무엇인가가 있답니다.

그러니 공연히 자신을 불행한 사람이라고 여기지 말고 자신을 사랑하는 마음을 갖고 사세요. 자신을 사랑할 수 있는 사람이 남도 사랑할 수 있고, 더 의미 있는 삶을 살 수 있습니다.

누구든 자신만의 장기가 있다

우성이는 공부는 잘하지 못하지만 손재주는 무척 좋습니다. 심하게 망가진 가전제품도 그의 손만 닿으면 감쪽같이 고쳐지지요.

어디 그뿐인가요. 망가진 가구도 우성이의 손길이 몇 번 왔다갔다 하면 말끔해진답니다. 그런 우성이가 중학교 3학년 때 고등학교 진학 문제로 부모님과 이야기를 나눈 적이 있었지요.

"엄마 아빠, 저는 공고에 가려고 해요. 그래도 되죠?"

"공고? 거긴 안 돼. 인문계 고등학교에 가야 대학을 잘 들어 갈 거 아냐."

우성의 말에 엄마는 펄쩍 뛰며 반대하였지요.

"엄마, 저는요, 유능한 기술자가 되고 싶어요."

"왜 그런 힘든 일을 하려고 그래?"

엄마는 속상한 얼굴로 말했습니다.

엄마는 우성이가 교사가 되길 원했거든요. 그렇지만 당사자 인 우성이는 최고 기술자인 명장이 되고 싶었답니다.

"엄마, 내가 하고 싶은 일을 하게 도와주세요. 그러면 반드 시 훌륭한 명장이 될게요. 네? 엄마!"

우성이는 애가 타서 말했지요. 그때 가만히 듣고만 있던 아 버지가 말했습니다.

"우성아, 네가 하고 싶은 게 정말 명장이 되는 거냐?"

"네, 아빠. 저는 꼭 명장이 되고 싶어요."

"그래? 하지만 그 일은 매우 어려운 일이라는 것을 알아야 한다."

"네, 아빠."

우성은 아버지의 말을 듣고 자신 있게 대답했습니다.

우성이의 의지를 확인한 아버지는 반대하는 엄마를 설득시

킨 끝에 우성이를 공업 고등학교에 보냈지요.

우성은 공업 고등학교에서 자신이 좋아하는 공부를 할 수 있어 무척이나 행복했답니다. 그는 재학 중에 열심히 깎고, 두드리며 노력한 끝에 기능사 자격증을 3개나 땄지요. 그리고 전국기능대회에 참가하여 영예의 금상을 수상했어요. 우성은 가족과 친구들에게 축하를 받으며 더욱 자긍심과 자신감을 키울 수 있었답니다.

우성이는 공부에는 관심이 없었지만 자신의 장기에는 많은 노력을 기울였지요. 그 결과 공부는 못했어도 큰 상을 받은 겁니다. 거기다 국가 기능사 대표가 되었으니 공부에 비할까요?

공부란 꼭 책상 위에서만 하는 것이 아니랍니다. 일의 현장에서 몸으로 하는 것도 훌륭한 공부입니다.

우리 주변엔 우성이처럼 '책상 공부'에는 관심이 없지만 자신이 좋아하는 일로 성공한 사람들이 많지요. 여러분도 자신만의 특기를 잘 살리는 지혜로운 사람이 되세요.

나답게 살고 나다운 사람이 되자

요즘 10대들은 유행에 매우 민감합니다. 트렌드를 따르고 좋아하는 것을 나쁘다고는 할 수 없지요. 그러나 트렌드를 너무 좇다 보면 자기다운 것이 없어지는 것이 문제입니다.

트렌드는 옷차림은 물론 머리 모양, 액세서리, 가방, 운동화, 말투, 특이한 행동 등 실로 다양하지요. 이러한 것은 외관상 보여지는 것으로 사람들의 마음을 쉽게 빠져들게 합니다.

그런데 트렌드를 좇다 보면 자신의 주관을 잃게 된다는 문제가 있답니다. 주관을 포기한다는 것은 자기다운 것을 포기한다는 것과 같지요. 왜냐하면 자신의 인생을 자기답게 살아야 하는데 남의 생각을 따라서 한다는 것은 마치 몸은 자신의 것이지만 정신은 남의 것과 같은 이치랍니다.

나다운 사람이 되세요. 아무리 남의 것이 좋다고 해도 내가 가지고 있는 것만 못하답니다. 고유한 자신만의 의식과 주체성을 잃지 않는 사람이 되길 바랍니다.

나다운 것은 무엇인가?
나다움은 남의 것을 흉내 내는 것이 아닌
자신만의 특성을 말한다.즉, 개성이라고 한다.
그런데 10대들은 자신만의 것, 자기다운 것의
중요성을 잊고 유행하는 것,
남의 것을 더 좋고 가치 있는 것으로 생각해
그것들만 따라 하려고 한다.
아직 판단과 가치관이 부족한 데서 비롯되는 일이다.
그러나 성인이 되어서도 나다움을 잃고
남의 것만 좇는다면 이는 문제가 있다.
나다움을 버리는 것은
자신의 특성을 잃는 것과 같기 때문이다.
나다운 생각을 간직하고,
소신 있는 가치관으로 자신감 넘치는 인생을준비하는
지혜로운 10대가 되기를 바란다.

나는 행복하려고
태어난 사람

행복은 나의 의무다

"사람은 누구나 행복해지기를 간절히 바라는데, 그러기 위해서는 바라는 만큼의 힘을 기울여야 한다. 문을 열어 둔 채 행복이 찾아오기를 기다리고만 있다면 들어오는 것은 슬픔뿐이다."

알랑의 말입니다.

행복이란 어느 특정인에게만 주어지는 것이 아니라 누구에게나 주어지는 권리입니다.

그렇다고 감나무 밑에서 입을 벌리고 있는 사람처럼 기다리기만 한다면 행복이 저절로 찾아올까요? 오던 행복도 방향을 틀어 다른 길로 가 버릴 것입니다.

행복을 얻기 위해서는 행복으로 들어가는 문을 두드려야 합니다. 감나무 아래에 누워 입속으로 떨어지는 감이 있다면 그건 썩고 병든 것이겠죠.

행복해지기 위해서는 자기가 좋아하는 일이나 잘하는 일을 열정적으로 해야 합니다.

행복해지려면 행복한 일을 해야 한다

"대개 행복하게 지내는 사람은 노력가이다. 게으름뱅이가 행복하게 사는 것을 보았는가? 노력의 결과로서 오는 성과 없이는 참된 행복을 누릴 수 없다. 수확의 기쁨은 그 흘린 땀에 정비례한다."

블레이크의 말입니다. 옳은 말이지요.

자신이 노력을 기울인 만큼 행복해지는 것은 지극히 당연하지요. 이렇게 분명한 행복의 공식을 알고 있지만, 사람들은 자신이 기울인 노력보다 더 큰 행복을 바라지요. 게다가 덤으로 오는 행운까지 기대합니다.

이런 생각을 꼭 나쁘다고만은 할 수 없지만 자신의 땀방울로 이루어 내는 행복이 더 보람되고 값지다는 것을 알아야 합니다.

　인류를 위해 크게 기여한 사람들이 공통적으로 가졌던 생각은, 나의 노력으로 다른 사람들을 행복하게 해 주겠다는 것이었지요.

　다이너마이트를 발명한 노벨은 인류 발전에 공헌한 사람들을 위해 자신의 전 재산을 내놓았으며, 후세 사람들은 그의 유지를 받들어 노벨재단을 만들고 매년 노벨상을 시상하여 수상자들을 격려하지요.

　20세기 아프리카의 성자라고 불리는 슈바이처 박사는 평생 동안 가난과 싸우며 아프리카 사람들의 치료에 헌신하였습니다.

　세계 최고의 발명왕 에디슨은 수천 가지가 넘는 발명품을 만들어 인류 발전에 이바지한 일등공신이 되었지요.

　평생을 가난한 환자와 살았던 20세기 인류의 어머니 마더 테레사 수녀는 성녀로 추앙받고 있습니다.

이렇듯 수많은 사람들이 자신의 행복보다 인류의 행복을 위해 살았습니다.

행복은 늘 가까이에 있다

행복을 멀리서 찾으려는 사람들이 참 많습니다.

돈이 많아야 행복하다고 여겨 옳지 않은 방법으로 돈을 버는 사람들도 있고, 자신의 행복을 위해 상대방을 무참히 짓밟는 사람도 있지요. 이런 사람들은 진정한 행복이 무엇인지 모르는 사람들입니다.

행복은 가까이에 있음을 알아야 해요. 내 주변, 내 친구, 내 가족, 내가 하는 일, 이것이 내가 행복해질 수 있는 필수 조건들이죠. 그런데 가까이에 있는 행복은 실감하지 못하고 멀리 엉뚱한 데서 억지를 부려대며 찾으려고 한답니다.

어떤 경찰관이 있습니다. 그는 근무가 없는 날은 어김없이 악기를 들고 보육원이나 양로원으로 찾아가서 그곳 아이들과 어르신들에게 신나고 즐거운 음악을 선물합니다.

어떤 이발사는 매주 한 차례씩 노인회관을 찾아다니며 무료로 이발도 해 드리고 흥겨운 노래를 들려 드립니다.

또 어떤 주부는 밑반찬을 만들어 동네에 사는 독거노인들에게 배달합니다.

이처럼 우리 주변에는 많은 사람들이 오른손이 하는 일을 왼손이 모르게 좋은 일을 하고 있답니다.

행복을 찾기 위해 산을 넘고 강을 건너 찾아갔지만 행복을 찾지 못하고 백발이 성성해져서 돌아왔다는 내용의 시를 읽은 적이 있을 거예요.

행복을 멀리서 찾으려는 어리석은 사람들의 이야기이죠. 절대로 먼 곳에서 행복을 찾지 않길 바랍니다. 행복은 바로 여러분의 곁에 있답니다.

행복은 행복해지려고 노력하는 사람에게

주어지는 '삶의 선물'이다.

이 소중한 선물을 얻기 위해

많은 사람들이 날마다 헤매고 다닌다.

그러나 자신이 바라는 행복은 쉽게 오지 않는다.

왜냐하면 행복을 멀리에서만 찾으려고 하기 때문이다.

진정으로 행복한 사람이 되고 싶다면

주변 가까이에서부터 좋은 일을 시작하라!

10대는 꿈의 골조를
세우는 시기다

10대는 가장 생동감 넘치는 시기다

10대는 몸과 마음이 가장 활발하게 성장하는 시기입니다. 그리고 호기심과 하고 싶은 일도 가장 많은 시기랍니다. 그런데 우리의 10대들은 공부라는 울타리에 갇혀 맑은 하늘도 제대로 쳐다보지 못하고, 아름다운 꽃도 만져 보지 못하고, 회색빛 철근 콘크리트 교실에서 책만을 붙들고 씨름을 해야 합니다.

가장 생동감 넘치는 시기인 10대!

이 10대를 어떻게 보내느냐에 따라 미래의 색깔이 달라집니다. 아무리 멋진 꿈을 갖고 있다고 해도, 그 꿈을 이룰 준비가 없다면 한낱 물거품이 되고 말지요.

10대는 꿈을 꾸는 시기가 아니라 꿈의 골조를 세우는 시기다

10대를 꿈을 꾸는 시기라고 말들 하지요. 그러나 나는 10대는 꿈을 꾸는 시기가 아니라, 꿈의 골조를 세우는 시기라고 말하고 싶어요. 이 말은 구체적인 의미를 갖고 있습니다.

골조란 무엇인가요? 골조란 빌딩을 지을 때 세우는 철골 구조물을 말하지요. 이 철골 구조물을 잘 세워야 튼튼하고 안전한 빌딩을 세울 수 있는 것처럼, 꿈의 골조를 잘 세워야 꿈의 빌딩을 잘 지을 수 있습니다.

LPGA(미국 여자프로골프협회)에서 뛰고 있는 고진영, 박성현, 김세영을 비롯한 많은 골프 선수들, 미국 프로 야구인 메이저리그의 추신수, 류현진, 김광현 선수, 영국 프리미어리그 토트넘 핫스퍼 FC의 손흥민, 프랑스 지롱댕 드 보르도의 황의조, 독일 발렌시아 CF의 이강인 선수, 제17회 쇼팽 국제 피아노콩쿠르에서 한국인 최초로 우승한 조성진, 세계적인 소프라노 조수미를 비롯한 음악인 등……. 이들은 모두 10대에 꿈의 골조를 세웠지요.

어디 그뿐인가요? 피겨스케이팅의 역사를 새로 쓴 김연아, 골프 여제라는 찬사를 받았던 아니카 소렌스탐, 러시아의 테니스 스타 샤라포바와 미국의 비너스 자매, 골프 황제 타이거 우즈 등 이름만 대면 누구나 알 수 있는 선수들이 모두 10대에 꿈의 골조를 세웠답니다.

또 있습니다. 한류 붐을 일으키며 미국 빌보드 200 1위를 차지한 BTS도 구글 인공지능 알파고와의 대결에서 인간으로는 유일하게 1승을 거둔 바둑 기사 이세돌 역시 마찬가지입니다. 우리가 알고 있는 성공한 사람들은 동서양을 막론하고 대개가 10대에 꿈의 골조를 세웠답니다.

자신이 가장 잘하는 일에 꿈의 골조를 세워야 한다

꿈을 이루려면 자신이 가장 잘하는 일에 골조를 세워야 하지요. 확고한 신념 없이 남의 겉모습을 좇아 따라 한다면 실패하기 쉽습니다.

화려하고 멋진 일은 한창 감수성이 예민한 10대들의 마음을 사로잡기에 충분하지요. 그러나 어떤 일을 무조건 따라 하는 것은 무모한 일이 될 수 있습니다. 그런 직업일수록 많은 열정과 노력이 필요합니다.

또 열정과 노력만 있다고 해서 다 되는 것은 아니지요.

열정과 노력에 더하여 그 일을 아주 좋아해야 합니다. 좋아하는 일은 아무리 힘들고 어려워도 참고 할 수 있지요. 그러나 적성에 맞지 않으면 끝까지 하기가 어렵습니다. 때문에 자신이 가장 좋아하는 일을 선택해야 하고, 한번 선택한 일은 악착같이 해내야 합니다.

미국에 있는 세계 최고의 놀이동산 디즈니랜드의 창업자 월트 디즈니!

그는 가난한 집에서 태어났기에 어린 시절에는 농장에서 일을 해야만 했지요. 밥을 먹고사는 일도 힘들어 공부는 꿈도 꿀 수 없었답니다. 디즈니는 힘들게 농장 일을 하면서도 꾸준히 했던 일이 있었지요. 바로 그림을 그리는 일이었답니다.

그는 틈만 나면 그림을 그렸지요. 그가 특히 좋아했던 것은 생쥐여서 열심히 쥐만을 그렸답니다. 그것도 아주 다양하게…….

그러다 그는 생쥐를 모델로 캐릭터를 만들었는데 그것이 바로 '미키 마우스'랍니다.

그가 그린 미키 마우스는 만화책과 애니메이션 영화로 제작되어 전 세계적으로 돌풍을 일으켰지요. 지금으로부터 80여 년 전의 일이랍니다. 하지만 여전히 미키 마우스는 전 세계 어린이들로부터 사랑을 받고 있습니다.

미키 마우스는 가난했던 그를 부자로 만들어 주었지요. 그는 꿈을 주는 놀이동산 디즈니랜드를 구상하더니 마침내 세계 최고이며 최대인 어린이들의 놀이왕국으로 만들었지요.

디즈니랜드는 어린이들뿐만 아니라 어른들에게도 환상적인 즐거움과 꿈을 주었지요. 지금도 그가 만든 디즈니랜드는 전 세계 어린이들이 한 번은 꼭 가고 싶어 하는 꿈의 동산으로 사랑받고 있답니다.

가난했지만 자신이 가장 잘하는 일로 꿈을 이룬 월트 디즈니 말고도 자신이 잘하는 것으로 꿈을 이룬 사람은 참 많지요.

축구 황제 펠레, 축구 신동 디에고 마라도나, 농구 황제 마이클 조던, 야구 홈런왕 행크 에런, 권투 헤비급 챔피언 무하마드 알리, 왈츠왕 요한 스트라우스, 악성 베토벤, 체조의 여왕 코마네치 등 그 수를 헤아릴 수 없습니다. 만약 이들이 자신이 좋아하는 것이 아닌 다른 것으로 꿈을 이루려고 했다면 빛나는 인생의 주인공이 되지 못했을 거예요.

자신이 가장 잘하는 일에 꿈을 갖고 도전하세요. 사람은 누구에게나 자신만의 장점이 있는 법이니, 그 장점을 잘 살려 멋진 인생의 꿈을 이루기 바랍니다.

10대는 몸과 마음이 가장 활발하게 자라는 시기 이므로,

따라서 생동감이 넘치는 시기이다.

이토록 아름답고 눈부신 때가 10대이다.

이 10대를 흔히들 꿈을 꾸는 시기라고 말한다.

그러나 나는 꿈의 골조를 세우는 시기라고 말하고 싶다.

성공적인 인생을 살았거나 살고 있는 사람들은

10대에 꿈의 골조를 세우고,

자신이 가장 잘하는 일로 매진하여 멋진 인생을 이뤄 냈다.

꿈의 골조를 멋지게 세우는 10대가 되기 바란다.

개성을 키워
색깔 있는 삶을 살자

개성 있는 사람이 아름답다

개성이란 그 사람만이 가지고 있는 특성을 말합니다.

글을 쓰는 사람이나, 노래를 부르는 사람이나, 그림을 그리는 사람이나, 영화배우나 탤런트 같은 예술가들뿐만 아니라 직장인들이나 보통 사람들에게도 개성은 반드시 필요하지요. 현대사회를 흔히 개성 시대라고 하는데, 현대는 그만큼 다양화, 다변화된 시대이기 때문입니다.

이런 사회에서 자신의 존재를 부각시키기 위해서는 뭔가 특별한 자신만의 세계를 보여 주어야 합니다.

가수 보아!

그녀는 중학생 때부터 자신만의 색깔이 있는 가수가 되기 위해 피나는 노력을 기울였지요. 그 결과 노래와 춤, 그리고 의상을 비롯한 자신만의 캐릭터를 만들어 냈습니다.

그래서 '아시아의 별'이라는 명성처럼 자신의 이름을 뚜렷이 남기는 성공을 거두었지요. 몇 년 전부터는 미국에 진출해서 가수 무대를 넓히고 있으며, 할리우드 영화에 출연 제의를 받아 연기에도 도전하게 되었습니다.

배용준 역시 드라마 〈겨울 연가〉에서 핸섬하고 깔끔한 이미지와 우수에 잠긴 연기로 순애보를 감명 깊게 그려 내 한류 열풍을 한껏 드높였지요.

축구선수 손흥민!

어릴 때부터 뛰어난 축구 실력을 보였던 손흥민은 2008년 송경섭 지도강사의 추천으로 축구 협회 유학 프로젝트에 발탁되어 16살에 독일 함부르크 유소년 팀으로 들어갔습니다. 그후 함부르크, 바이어 레버쿠젠을 거쳐 영국 프리미어리그 토트넘 선수가 되었지요. 손흥민은 뛰어난 기량으로 월드클래스로 평가받으며, 2019년 3월 1일 영국 런던 배터시 에볼루션에

서 열린 '런던 풋볼 어워즈 2019'에서 '프리
미어리그 올해의 선수'로 선정되며 빛나는
상을 수상하였습니다. 또 2019년 번리와
경기에서 그가 기록한 70미터 원더 골
은 2020년 프리미어리그 역대 최고의
골로 선정되는 영광을 안았다. 손흥민은 월드클
래스로서, 한국 축구의 중심으로 우뚝 섰습니다.

골프 천재 박인비!

그녀는 LPGA 최고의 선수로, 제31회 브라질 리우데자네이
루 올림픽 골프 대회에서 최초로 금메달을 획득함으로써 골프
여왕의 진면모를 보여주었지요. 끊임없는 변신과 뼈를 깎는
노력으로 자신의 이미지를 전 국민에게 심어 준 몸짱, 춤짱, 가
수 이효리!

그녀는 남들이 흉내 내지 못하는 고난도의 춤을 추는 것으
로 유명하지요. 또한 그녀는 새 앨범 발표 때마다 개성 넘치는
스타일과 춤으로 화제를 불러 모으며 젊은이들의 패션 아이콘
으로 관심을 한 몸에 받고 있습니다.

이렇듯 어느 분야이건 자신만의 특출한 개성을 지녀야만 많
은 사람들에게 사랑받을 수 있고, 성공할 수 있는 것이지요.

개성은 타고난 것이기도 하지만 끊임없는 노력으로 만들어지는 것이랍니다. 그러기에 개성 있는 사람은 아름답습니다.

개성은 인생을 성공으로 이끄는 자기 연출이다

노벨문학상을 받은 소설 《노인과 바다》로 유명한 어니스트 헤밍웨이!

그는 작품 속 인물들을 감성적으로 세밀하게 그려 내는 작가로 정평이 나 있지요. 특히 《노인과 바다》는 헤밍웨이의 대표작으로서 간결하고 힘찬 문체를 유감없이 보여 줍니다.

《해리 포터》 시리즈로 유명한 조앤 K. 롤링!

그녀는 생활보호대상자로 근근이 살아가던 전업주부였지요. 그런 그녀가 판타지 동화 《해리 포터》를 써서 일약 세계적인 작가가 되었고, 2019년 재산이 약 1조 2000억 원에 이르는 부자가 되었습니다. 그녀의 작품은 쉴 새 없이 전개되는 드라마틱한 환상적 이미지가 압권이지요. 그것은 그녀만이 지닌 개성적인 재능입니다.

2019년 영화 '기생충'으로 한국 영화 역사상 최초로 칸 영화제에서 황금종려상을 수상하고, 2020년엔 아카데미 시상식에서 작품상, 감독상, 각본상, 국제 영화상을 수상하며 세계 최고의 감독이 된 봉준호!

그는 '괴물', '설국열차' 등 만드는 영화마다 호평을 받으며 관객들의 시선을 사로잡았답니다.

세계 최고의 선수 리오넬 메시!

세계 최고의 축구 스타로 평가받는 그는 성실한 자세와 예의 바른 몸가짐으로 전 세계 축구팬들의 사랑을 받고 있지요.

이상에서 보듯 개성이란 성공적인 인생을 위한 자기 연출이라는 것을 알았으면 해요. 다른 사람의 좋은 것은 배우되 그를 통해 자신만의 개성을 살려 자기다운 사람이 되길 바랍니다.

개성은 누구에게나 있지만 발견하지 못할 뿐이다

개성은 누구에게나 있습니다. 문제는 그것을 발견하지 못해 그냥 방치하고 마는 것이지요.

나에게도 개성이 있을까 하고 의심이 든다면 자신이 가장 잘할 수 있는 것이 무언지 곰곰이 생각해 보세요. 틀림없이 특별히 잘하는 것이 있을 겁니다.

성공하고 싶다면 자신의 개성을 살리기 위해 피나는 노력을 하세요. 개성은 가꾸면 가꿀수록 더욱 발전시킬 수 있습니다. 그러나 아무리 개성이 뛰어나도 노력하지 않으면 그대로 썩히고 마는 것이지요.

　개성을 갈고 닦으세요. 개성은 활기찬 삶의 길로 이끌어 주는 등불이 됩니다.

사람은 누구나 태어날 때부터 자신만의 특성,

즉 개성을 가지고 있다.

그러나 대부분의 사람들은 그것을 묻어둔 채 산다.

또 개성을 발견했다고 해서 그대로 묵혀 두면 안 된다.

그 개성을 개발해야 한다.

현대사회에서는 자신의 내면에 잠자고 있는

개성을 살려야 성공할 수 있다.

놀 땐 모든 걸 잊고
신나게 놀자

노는 것도 공부다

우리 사회는 학생들이 노는 것을 시간의 낭비로 보는 것 같아요. 그래서 학생들이 노는 것을 쓸모없는 오락쯤으로 여겨 아이는 신이 나 있는데도 부모님들은 안절부절못하지요. 특히 엄마들은 그 시간에 공부를 하면 좋을 텐데, 하고 안타까워합니다.

공부할 땐 집중해서 공부하고, 놀 땐 모든 걸 잊고 그 순간만은 신나게 놀아야 합니다. 노는 것도 큰 공부랍니다.

세계에서 가장 우수한 민족으로 자타가 공인하는 유태인들은 노는 것을 훌륭한 공부로 여깁니다. 노는 가운데 창의력이 길러지고, 협동심이나 상대방을 배려하는 마음이 길러진다는 것이죠. 노는 것을 시간의 낭비가 아니라 새로운 것을 발견하는 시간으로 보았던 유태인들의 생각이 그들을 우수한 민족으로 만든 것입니다.

놀 땐 다른 생각은 하지 말자

윤수는 노는 시간만큼은 그 누구에게도 간섭받지 않으려고 합니다. 그는 쉬는 시간이면 자신이 좋아하는 농구를 하며 땀을 쏟곤 하지요.

고등학교 2학년인 그가 예전에도 지금처럼 마음 놓고 놀 수 있었던 것은 아닙니다. 윤수 역시 엄마로부터 많은 제재를 받았지요.

"너, 그렇게 해서 어떻게 네가 원하는 대학에 가겠니? 네가 노는 시간에도 공부하고 있을 네 친구들을 생각해 봐. 그래도 맘이 편하니?"

"엄마, 걱정하지 마세요. 놀 땐 놀고 공부할 땐 확실하게 할게요."

"놀기만 하는 자식을 보고 어떻게 걱정을 안 해?"

"성적만 올리면 되잖아요."

"놀면서 성적을 어떻게 올려? 그게 말이 되는 얘기야?"

"믿어 보세요. 제 말에 책임질게요. 만약 책임지지 못하면 엄마가 하라는 대로 다 할게요."

윤수는 자신 있게 말했지만 엄마는 영 떨떠름한 표정을 지었답니다.

윤수는 자신의 말에 책임을 지기 위해 공부할 땐 한눈 안 팔고 집중했고, 놀 땐 옷이 땀에 흠뻑 밸 정도로 신나게 놀았습니다. 그는 길거리농구도 하고, 인라인스케이트 동호회에 가입해 일주일에 한 번씩 동호회 회원들과 인라인스케이트를 타며 쌓인 스트레스를 홀가분하게 풀었습니다. 그러면서 동호회 대학생 형, 누나들과 자신의 진로에 대해 자연스럽게 상담도 하고 조언도 받으면서 효율적으로 공부를 했답니다. 또 사회 각 분야에서 활동하고 있는 어른들에게서 직장과 사회 생활에 대한 이야기도 폭넓게 들을 수 있어 그야말로 산 교육이 되었습니다.

윤수의 성적은 전보다 더 좋아졌고, 사회에 대해 아는 것도 많아져 부모님의 걱정을 말끔히 씻어 주었답니다.

"윤수 생각이 옳았어. 윤수는 아무렇지도 않은데 공연히 우리가 사서 걱정하고, 무조건 안 된다고 했으니 우리 생각이 얼마나 구태의연해."

저녁 식사 후, 아버지는 커피를 마시며 말했지요.

"그러게 말이에요. 정작 윤수는 담담한데 내가 조급해했으니 너무했던 것 같아요. 평소에는 다른 엄마들처럼 아이를 닦달하지 말고 아이에게 맡기자고 해 놓고도 막상 아이가 노는 것을 보면 제재하는 데 열을 올렸으니 얼마나 이중적인 생각이에요. 이젠 모든 걸 윤수에게 맡기겠어요."

윤수 엄마는 이렇게 말하며 활짝 웃었답니다.

잘 노는 것은 창의력을 기르는 일이다

청소년들이 모두 윤수 같다면 얼마나 좋을까요. 윤수 같은 청소년이 있는가 하면 자신의 일에 책임지지 못하는 청소년들도 많답니다. 무작정 노는 일에 빠져 공부를 등한시해 부모님께 걱정을 끼친다면 그것은 '놀기 중독증'에 빠진 것이지요. 청소년이기에 마땅히 해야 할 공부는 안 하고 노는 일에만 매달린다면 이는 당사자에게 불행한 일이 될 게 뻔합니다. 행복은 그 행복을 위해서 준비하고 노력하는 사람에게 주어지는 '은

총의 선물'입니다.

그렇다면 어떻게 노는 것이 잘 노는 것일까요?

모두가 윤수처럼 해야 한다는 것은 아닙니다. 사람들에겐 각자 좋아하는 것이 따로 있듯 노는 것도 자신이 좋아하는 것이 있겠지요. 그러니 자신이 좋아하는 놀이를 하면 됩니다. 축구를 좋아하면 축구를 하고, 자전거 타기를 좋아하면 자전거를 타고, 수영을 좋아하면 수영을 하고, 야구를 좋아하면 야구를 하라는 말입니다.

각자 좋아하는 것을 하되 노는 듯 마는 듯 하는 것이 아니라 적극적으로 신나게 놀라는 것입니다.

노는 것도 적극적일 때 더 흥미를 느끼게 되고, 그런 가운데 새로운 에너지가 발생합니다. 놀이를 통해 새로운 아이디어를 발견하는 일은 얼마든지 있답니다.

또한 잘 노는 것은 건전한 마음과 건강한 몸을 선물해 주지요. 이것도 아니고 저것도 아닌 것은 무의미합니다. 놀 땐 화끈하고 신나게, 자신이 좋아하는 놀이에 푹 빠져 보세요. 잘 못 놀기 때문에 부모님과 주변 사람들이 걱정을 하죠. 윤수처럼만 멋지게 놀아 보세요. 잠시 머리를 식히고 다음 일을 의욕적으로 하기 위해서 에너지 충전의 한 방법으로 노는 것을 만류하고 걱정할 부모님은 어디에도 없을 거예요.

신나고 즐겁게 잘 노는 10대들이 되기 바랍니다. 잘 노는 것은 시간의 낭비가 아니라 새로운 창의력과 에너지를 얻는 좋은 방법입니다.

노는 것을 시간 낭비로 생각하는 부모들이 의외로 많은데,

그것은 하나만 생각하기 때문이다.

잘 노는 사람이 더 건강하고 지혜롭다.

그리고 열정도 많고 무슨 일이든지 적극적이다.

잘 논다는 것은 공부도, 일도 잘할 수 있다는 것을 의미한다.

이것도 아니고 저것도 아닌 사람은

결단력이 부족하고 끈기도 부족하다.

또한 책임감도 없고, 열정도 없다.

10대들이 분명히 해야 할 게 있다.

놀 땐 열심히 놀고, 공부할 땐 집중해서 해야 한다.

그것이 발전으로 가는 길이다.

성에 대한 호기심은
당연하다

성에 대한 호기심은 당연한 것이다

중학교 2학년인 기찬이는 요즘 걱정이 참 많답니다.

여자들만 보면 괜히 가슴이 두근거리고 얼굴이 발개져 안절부절못하곤 합니다. 여자를 보면 저절로 가슴을 먼저 보게 되고, 다음에는 다리를 쳐다보게 되며, 혼자 가슴이 콩콩 뜁니다.

잡지에서도 여자 속옷 모델만 보게 되고, 그때마다 여자의 벗은 몸을 상상하곤 하지요. 그러면 자신도 모르게 성기가 불끈거리며 솟아오르고, 저절로 손이 가서 만지작거리곤 합니다.

그럴 때면 머리가 멍해지며 기분이 이상해져 자신도 모르게 어느새 자위행위를 하곤 한답니다.

그러나 한편으로는 왠지 죄를 짓는 것 같고, 자신이 잘못되는 건 아닐까 걱정이 생겨 마음이 찜찜하고 편치 않답니다.

성에 대한 호기심은 죄가 아니다

기찬이는 어느 날 친구 영석이네 집에 갔다가 난생처음 이상한 것을 보았습니다.

"기찬아, 너 그거 본 적 있어?"

"뭐?"

"그거 있잖아. 그거…….."

"그거? 그게 뭔데?"

"여자와 남자가 하는 거."

"뭘 하는데?"

"야, 너 정말 몰라서 그러는 거야, 알면서도 내숭 떠는 거야?"

"몰라. 네가 뭘 말하는지…….."

"그래? 포르노 말야."

"뭐! 포르노? 아, 아니……. 한 번도 본 적 없어."

"야, 그거 되게 끝내준다. 너도 한 번 볼래?"

기찬은 영석의 말에 순간 당황하였지요. 그러나 한 번 꼭 보고 싶었답니다. 평소 여자의 성기는 어떻게 생겼을지 무척 궁금했거든요. 하지만 기찬이는 자신의 속마음을 드러내지 못했습니다.

"짜식, 보고 싶구나? 그럼 봐. 보는 게 뭐 죄가 되니?"

"그게 그렇게 재밌어?"

"그래, 아주 재밌다니까."

영석은 마치 한 수 가르쳐 준다는 듯이 컴퓨터 속 동영상 파일을 재생했지요.

기찬은 침까지 꼴깍 삼키며 컴퓨터 화면을 뚫어져라 쳐다보았습니다.

얼마 뒤, 기찬은 놀라운 장면을 보게 됐지요. 벌거벗은 여자와 남자가 서로 뒤엉켜 이상한 소리를 내면서 성행위를 하는 장면이 나왔습니다.

기찬은 숨을 죽이며 바라보다 점점 이상한 기분에 사로잡혔지요. 난생처음 보는 장면에 정신이 멍해졌답니다. 더구나 평소에 그렇게나 궁금했던 여자의 벗은 몸을 보자 입안이 바짝 마르고, 가슴이 콩닥거렸습니다. 그래서 더 이상 보지 못하고 집으로 달려왔습니다. 그러고는 자기 방문을 걸어 잠그고 팬티를 벗고 자위를 하기 시작했답니다. 눈앞에 그려지는 여자의 모습에 흥분은 극에 달했지요. 기찬의 기분은 그 어느 때보다 좋았답니다.

그날 이후로 기찬은 때때로 그 야한 장면이 떠오르면 가슴이 두근거리고 여자의 벗은 몸이 더욱 보고 싶어졌지요. 그래서 친구 집에서 여자의 누드사진이 실려 있는 성인 잡지를 빌려 와 몰래 보곤 했답니다.

그러던 어느 날, 그날도 몰래 빌려 온 잡지를 보다가 아버지의 눈에 띄고 말았지요.

"너, 지금 뭐 보냐?"

"아, 아빠! 아, 아무것도 안 봐요."

기찬은 너무 당황한 나머지 말을 더듬거렸지요.

"뭘 안 봐? 너, 그 뒤에 숨긴 게 뭐냐? 이리 줘 봐."

"아, 아빠. 잘못했어요."

기찬은 기어들어 가는 목소리로 말하며 성인 잡지를 내밀었답니다.

"너, 이거 보는 게 재미있냐?"

아빠는 잡지를 받아들고 물었지요.

"재미있는 것보다 궁금해서……. 아빠, 잘못했어요. 용서해 주세요."

"그래? 네가 뭘 잘못했지?"

"성인 잡지 몰래 본 거요."

기찬은 고개를 푹 떨구고 어쩔 줄 몰라 했습니다.

"기찬아, 네가 잘못한 게 아니다. 네 나이엔 다 이런 것에 관심이 많단다. 관심이 없다면 그게 오히려 잘못된 거지. 아빠도 네 나이 땐 할머니 몰래 이런 잡지를 훔쳐보곤 했단다."

"정말, 아빠도 그랬어요?"

"그랬지. 아빠도 너처럼 여자의 벗은 몸이 몹시 궁금했었다. 그것은 건강한 몸과 마음을 가진 청소년에겐 지극히 당연한 현상이란다."

"아빠, 전 그게 죄가 되는 줄 알았어요."

"그래. 아빠도 처음엔 그랬었지. 그러나 어른이 되어서 생각하니 그건 죄가 아니더라. 문제는 그것을 무작정 따라서 하는 거란다. 그건 안 된다. 이 다음에 어른이 되면 얼마든지 여자 친구도 사귀고 사랑도 할 수 있어. 그러니 그때, 그러니까 자신의 행동을 책임질 수 있는 어른이 되었을 때, 그때 하는 거야."

"아빠, 근데 왜 자꾸만 그곳이 근질거리고 불끈불끈 서지요?”

“그건 네 몸이 어른이 되어 간다는 증거야. 그건 아주 자연스러운 현상이지. 우리 기찬이 이제 보니 많이 컸구나.”

기찬은 아버지의 뜻밖의 말에 큰 감동을 받았지요.

혼자 생각에 아버지한테 된통 혼날 줄 알았는데 아버지는 전혀 그렇지 않았거든요. 기찬은 그런 아버지의 모습을 보게 돼 무척 기뻤답니다.

성은 신이 인간에게 부여한 성스러운 선물이다

‘모르면 병, 아는 것이 힘’이라는 말이 있지요.

기찬은 그날 이후로 성에 대해 아주 자연스러워졌답니다. 그리고 야한 것을 봐도 전처럼 가슴이 두근거리지도 않고, 여자를 봐도 얼굴이 발개지지도 않았지요. 그리고 찜찜한 마음도, 죄의식도 전보다 많이 엷어졌답니다.

기찬이 같은 경우는 성에 대해 아주 자연스럽게 눈을 뜨게 된 거지요.

하지만 그렇지 못한 10대들은 성의 혼란에 빠져 해서는 안될 일을 벌여 자신은 물론이고, 부모님이나 주변 사람들에게 걱정을 끼치곤 합니다.

무엇이든 몰래 보거나 몰래 하는 것은 좋지 않습니다. 그것은 부자연스러운 일로 죄의식을 갖게 하고, 자칫 범죄의 구렁텅이에 빠지게 하지요.

10대 미혼모가 점점 증가하는 추세이고, 성범죄가 날로 늘어만 간답니다. 이 모든 것은 10대에게 해 주어야 할 바른 성교육의 부재, 그리고 범람하는 음란물 때문이지요.

사람에게 있어 성은 신이 주신 아름다운 선물입니다.

청소년들은 이 아름다운 성을 자연스럽게 깨치고 받아들여야 합니다. 그러기 위해서는 부모님이나 교사, 기성세대들도 각별한 관심을 가져야 하겠지요. 그리고 당사자인 10대들도 성에 대해 자연스럽게 이야기할 수 있어야 합니다. 바르게 알아보지도 않고 그저 난처해하거나 막연한 호기심만으로 동경한다면 정서적으로도 좋지 않을 수 있습니다.

또한 학교에서 하는 성교육이 평면적이고 단편적이어서 알고자 하는 욕구가 충족되지 못하면 적극적으로 질문하고 문제를 제기해서 제대로 알도록 해야 합니다. 강연이나 차트만으로 부족하면 관련 서적이나 영상 자료 등 좀 더 구체적이고 실질적으로 가르쳐 줄 것을 요구하십시오.

그러나 책임감 없는 성관계나 성폭행 같은 비이성적인 행동은 절대로 해서는 안 됩니다.

그리고 임신과 낙태에 대해서도 분명하게 알고, 성에 대해 진지한 마음 자세를 가져야 합니다.

무엇을 구체적으로 아는 것은 지극히 바람직한 것이지요. 마치 태양이 동쪽에서 떠서 서쪽으로 지듯이.

기찬은 요즈음 예전보다 한결 즐거운 마음으로 생활하고 있답니다.

10대!

10대는 호기심이 많고 꿈이 많은 시기이죠. 생동감 넘치는 10대 여러분은 이 땅의 소중한 꿈나무입니다.

성은 종족 보존을 위한 본능이자
신이 인간에게 부여한 성스럽고 아름다운 선물이다.
이러한 성을 비밀스럽게 감추고 무작정 막으면
어쩔 수 없이 부작용을 낳게 된다.
사람의 심리는 어떤 일을 탁 터놓으면 자연스럽게 생각하고 받아들이는데
숨기면 호기심이 발동해 뜻밖의 일을 벌이게 된다.
10대가 되면 성에 눈뜨게 된다.
즉, 성에 대한 호기심이 극대화되는 시기이다.
이젠 성에 대해 솔직해져야 한다.
있는 그대로를 가감 없이 알아야 한다.
그래야 성의 혼란에서 자연스럽게 벗어나게 되고,
늘어나는 성범죄도 막을 수 있다.
성은 신성한 것이며 자연스럽고 본능적인 것이다.
이러한 성을 잘못 배우고 접해서
부끄럽고 감추고 싶은 것으로 만들어선 안 된다.

연예인 따라 하기는 한때다

10대는 호기심이 넘치는 시기

"석호야, 옷 좀 단정히 입어. 그게 뭐야? 네가 연예인이니? 널 보면 정신이 하나도 없다."

"엄마, 이것도 다 개성이야. 다른 애들은 나보다 더해."

엄마의 말에 석호는 개성이란 말로 방어 막을 치며 멋내기에 더욱 열을 올립니다.

"개성 두 번만 찾다간 내 아들인지도 몰라보겠다."

"엄마, 우리 반 애들이 나 보고 멋짱이래."

"멋짱? 그게 무슨 말이야? 제일 멋있다는 말이니?"

"오, 우리 엄마, 대단한데. 멋짱을 다 알고……."

이렇게 말하며 석호는 엄지손가락을 치켜들었습니다.

"원 녀석도 능글맞기는. 호호호……."

엄마는 석호의 너스레에 소리 내어 유쾌하게 웃었답니다.

지현은 액세서리에 무척이나 관심이 많고, 멋내기를 좋아하는 여고 1년생입니다. 그녀는 맘에 드는 액세서리를 보면 사고 싶어 어쩔 줄을 몰라 하지요. 그래서 용돈의 대부분은 액세서리를 사는 데 씁니다. 돈이 모자랄 땐 아르바이트를 하기도 하고요.

"네가 학생이니 연예인이니?"

엄마가 보다 못해 한마디 했지요.

"엄만 내가 연예인 되는 거 싫어?"

지현은 이렇게 말하고 입을 삐죽 내밀지요.

엄마는 지현을 사랑하지만 겉으로는
냉정한 척합니다.

지현은 그런 엄마의 속마음을 너무 잘 안
답니다.

지현은 토요일인 오늘도 시내에 나갔지요.

지난 수요일에 봐 둔 목걸이를 사기 위해서.

거리를 걸어가는 지현이의 발걸음이 날아갈 듯 가벼웠습니다.

연예인 따라 하기는 10대의 특징 중 하나일 뿐이다

연예인 따라 하기는 10대들의 보편적인 특징이지요. 잘생긴 연예인이나 운동 선수를 보면 그들이 하는 대로 따라서 하고 싶고, 그들이 입고 있는 옷도 그대로 입고 싶어 합니다.

어디 그뿐인가요. 인기 가수의 노래가 담긴 CD를 사거나 음원을 다운로드 받아 듣고 열심히 따라 부르지요. 어른들은 이런 일을 10대들의 무분별한 행동으로 보고 혀를 차지만 그다지 걱정할 일은 아닙니다. 그런 어른들도 10대 때엔 자신이 좋아하는 연예인을 따라서 했을 거예요. 하지만 차츰 나이가 들면서 사물을 보고 판단하는 분별력이 생겼을 겁니다.

여러분도 이 다음에는 어른이 되고, 어른이 되면 지금의 어른들처럼 생각이 바뀔 것입니다. 그러니 너무 걱정을 안 해도 좋으리라고 생각합니다. 그러나 한 가지, 연예인을 좋아하되 학생의 본분은 절대로 잃지 않기를 바랍니다.

연예인 따라 하기는 한때다

자신이 좋아하는 것에 대해 적극적으로 감정을 표현하는 것은 지극히 자연스러운 일입니다. 이런 솔직한 감정 표현은 정신 건강에도 좋고, 인격 형성에도 바람직하답니다. 감정을 숨기는 것이 오히려 좋지 않습니다. 특히 겉과 속이 다르게 행동하는 것은 더욱 더.

몸과 마음이 한창 자라는 시기인 10대 때에는 솔직하게 감정을 표현하는 것이 절대적으로 필요합니다.

부모님들에게 드리고 싶은 말은 연예인 따라 하기는 그저 한때랍니다. 그러니 자녀들에게 심하게 과잉 반응을 보이지 마세요. 오히려 자녀들이 의기소침해하는 것을 염려해야 합니다. 열정적인 마음은 열정적인 습관을 만들고, 열정적인 습관은 열정적인 사람을 만든답니다.

가수나 탤런트, 영화배우, 모델, 운동 선수 등은 10대들의 우상이다.

멋있는 옷을 입고, 화려한 조명을 받으며

사람들의 관심을 한 몸에 받는 이들을 따라 하고 싶은 것은

어쩌면 당연한 일이다.

그러므로 자신이 연예인에 대해 너무 열정적이라고 걱정할 것까진 없다.

연예인 따라 하기는 한때일 뿐이다.

무언가에 열정적인 마음은 다른 일에도 도움을 준다.

열정적인 마음은 열정적인 습관을 낳고,

열정적인 습관은 열정적인 사람을 만든다.

모든 일에
열정적인 마음을 갖자

열정은 모든 성공의 원천이다

토머스 아켐피스는 말했습니다.

"지금이야말로 일할 때다.

지금이야말로 싸울 때다.

지금이야말로 나를 더 훌륭한 사람으로 만들 때다.

오늘에 그것을 못하면 어찌 내일에 할 수 있을까?"

이 말의 의미는 열정! 열정을 가지라는 말입니다.

'지금'이란 시간은 아주 중요하지요.

'지금'이란 이 시간은 지나가면 곧바로 과거 속으로 묻혀 버립니다. 그런데도 '지금'이 언제나 내 곁에 머물러 있을 거라고 여유를 부린다면 그건 대단한 착각이지요.

열정이란 어떤 일에 적극적으로 힘쓰는 것을 말합니다. 그것을 '지금 하라.'는 겁니다. 지금 그 '열정을 쏟으라.'는 겁니다. 열정은 모든 성공의 원천입니다.

열정으로 성공을 일궈 낸 사람들

열정 하나만으로 성공을 일궈 낸 사람들은 참 많지요.

워크맨을 만든 소니사의 아키오 모리타, 세계 최고의 영화 감독이라는 찬사를 받는 제임스 카메론, 유태인으로 외교의 귀재라고 불리었던 헨리 키신저, 남아프리카의 민주화를 이룬 넬슨 만델라, 치밀하고 융화적인 훈련으로 2002년 한일 월드컵대회에서 4강으로 우리나라를 이끈 축구 감독 거스 히딩크, 남극 탐험에 성공한 아문센, 세계 최고의 테너 루치아노 파바로티, 이탈리아 맹인 가수인 안드레아 보첼리……. 모두 열정 하나만으로 인류 역사에 남게 된 인물들이지요.

눈을 국내로 돌려 볼까요.

실화 영화 〈실미도〉로 우리나라 영화사상 최초로 1천만 관객을 동원한 강우석 영화감독, 스페인 바르셀로나 올림픽에서 우승했던 마라톤 영웅 황영조, 사전오기라는 새로운 말을 만들어 낸 세계 권투 밴텀급 챔피언이었던 홍수환, 어려운 가정 환경을 극복하고 최고의 댄스 가수이자 배우로 활약하는 엄정화, 영화 〈밀양〉으로 세계 영화팬들에게 깊은 인상을 심어 주며 60번째 칸영화제 여왕이 된 전도연, 혼혈인의 서러움을 극복하고 미국 슈퍼볼 MVP가 된 하인스 워드, 역시 혼혈인이라는 냉대를 물리치고 최고의 가수가 된 인순이 등 각 분야별로 그 수를 다 헤아리지 못할 정도로 많습니다.

열정이 아름다운 것은 열정은 불가능한 것까지도 가능하게 만드는 힘을 갖고 있기 때문입니다.

"사람은 그 마음속에 정열이 불타고 있을 때 가장 행복하다. 정열이 식으면 그 사람은 급속도로 퇴보하고 무력해진다."

라 로슈푸코의 말입니다.

"몸을 아끼지 않고 내던지는 사람은 일신의 영광을 얻고, 몸을 아끼려는 사람은 몸을 위해서 아무것도 얻지 못한다. 일신을 내던지고 쓰러질 결심으로 나아가는 사람이 승리를 얻는다."는 동양 명언도 있답니다.

열정 있는 사람이 아름답다

"나는 젊었을 적에 정치에 뜻을 세우고, 여러 가지 쓰라린 일을 많이 겪었으며 실패를 한 것도 한두 번이 아니었다. 그러나 굴하지 않고 걸어온 덕택으로 이렇게 대통령이 될 수 있었다. 생각하면 나의 생애는 일곱 번 넘어지고, 여덟 번 일어났던 것이다."

미국 최초의 4선 대통령, 루스벨트의 회고입니다. 그는 신체 장애인이었지만 그의 장애는 뜨거운 열정에 가려져, 아니, 그로 인해 더욱 국민들로부터 존경받게 되었죠.

그런 루스벨트에게도 많은 시련이 따랐고, 거듭된 실패로 고통을 겪어야 했습니다. 그러나 그는 끈질긴 열정으로 승리

했습니다.

열정이 있는 사람은 어떤 시련과 실패도 극복할 수 있지요. 열정에는 끊임없이 솟구쳐 오르는 에너지와 도전 정신이 들어 있답니다. 그래서 열정을 가득 품고 있는 사람은 그가 누구이든 아름답습니다.

10대들이여, 항상 열정을 품고 앞으로 나아가세요. 그런 사람만이 자신의 인생을 행복하게 만들 수 있습니다.

열정! 무쇠도 녹일 수 있는 뜨거운 열정!

모든 성공한 사람들에겐 그만의 열정이 있었고,

그 열정은 자신이 미처 생각지 못했던 것까지도 이루어지게 해 주었다.

열정이란 사람의 마음속에 존재하는 에너지이다.

에너지가 충만한 사람이 열정적인 사람이다.

열정적인 사람은 거듭된 시련과 실패 속에서도

좌절하지 않고 자신을 극복해 낸다.

10대들이여, 그대들의 가슴에 열정을 가득 품어라.

자신의, 자신에 의한, 자신을 위한 멋진 인생을 뜨겁게 살아가라.

인생의 주인공이 되어라!

2장

즐거운 내일을 위한
생각

어른이 된다는 것은

어른이 된다는 것은
영광스러운 길도 은혜로운 길도 아닌,
그렇다고 무심한 길도 아니다.

어른이 된다는 것은
사람이기에 가야 하는
시간의 길이며, 삶의 길이며, 순리의 길이다.

어른이 된다는 것은
막연한 동경을 좇는 길도 아니며
가정적으로나 사회적으로
책임이 따르는 길이며
부모로부터 벗어나 모든 것을
스스로 해결해야만 하는 자립의 길이며
그래서 때로는 고뇌스러운 길이다.

그렇다고 어른이 되는 것을
두려워 말라.
저마다 사람에겐
각자에게 주어진 길이 있고
그 길은
그 사람의 삶을 결정짓는 중요한 요소다.

어른이 된다는 것은
어린 묘목이 자라 큰 나무가 되듯이
시간이란 물결이 지나가면 스스로 찾아오는 것.

어른이 되는 것을 흉내 내어 서두르지 마라.
결국 때가 되면 어른은 자연스럽게 되나니
어른이 되는 기대감보다는
어떤 사람으로 삶을 살아가느냐가
더욱 중요한 인생의 과제이니라.

– 김옥림

좌우명을 정하고
미래를 계획 하자

좌우명은 인생의 방향키와 같다

배가 망망대해를 항해할 때 아무 곳으로 가는 것 같지만 그렇지 않지요.

바다에도 길이 있습니다. 겉으로는 잔잔해도 바닷속엔 산도 있고 해구海溝라고 하는 골짜기도 있답니다. 바다는 깊고 평평하다는 생각만으로 항해를 하면 암초에 걸려 배가 좌초될 수도 있고, 소용돌이 급류에 빨려들어 침몰할 수도 있습니다. 그래서 항해를 할 땐 반드시 바다지도와 나침반이 가리키는 방향을 따라 가야 합니다.

'좌우명'은 바로 '인생의 나침반'입니다.

그럼, 몇 가지 좌우명을 한번 살펴볼까요.

정직한 사람이 되자, 부지런하고 성실한 인생을 살자, 개성 있는 사람이 되자, 인생을 즐기며 살자, 타인을 칭찬하는 사람이 되자 등등 다양하게 있지요. 그러나 실제로 그 좌우명에 따라 사는 사람들은 많지 않은 것 같아요. 실천하지 않는 좌우명은 가치가 없답니다.

자신만의 좌우명을 가지세요. 그리고 반드시 좌우명대로 실천해야 가치 있는 좌우명이 됩니다.

자신이 만든 좌우명은 반드시 실천하자

미혜의 좌우명은 '착하고 예쁘게 살자'입니다. 되도록이면 착한 마음으로 말도 예쁘게 하는 그런 여자로 살자는 것이 그녀가 추구하는 핵심이지요.

"아빠, 아빠도 좌우명이 있어?"

"그럼. '정직은 최대의 방책이다.'가 아빠의 좌우명이야."

"그건 서양 격언이잖아."

"서양 격언이든, 속담이든 자기의 생각에 좋으면 좌우명으로 할 수 있는 거야."

"그래도 자기가 직접 지은 것보다는 의미가 떨어지잖아."

"그건 그다지 중요하지 않아. 정말 중요한 것은 좌우명을 실천하는 일이지. 넌 좌우명이 뭐냐?"

"착하고 예쁘게 살자야. 좋지? 아빠!"

"그래. 너다운 좌우명이구나. 그런데 중요한 것은, 아까도 말했듯이 좌우명대로 꼭 실천해야 한다는 거야. 어때, 자신 있어?"

"응, 내 좌우명대로 착하고 예쁜 딸이 될게."

"그래, 그래."

"알았어, 아빠. 믿어 봐."

"하하, 원 녀석도. 벌써 큰소리는……."

미혜 아빠는 껄껄 웃었습니다.

그날 이후 미혜는 화가 날 때나 속이 상할 때도 자신의 좌우명을 떠올려 가급적 예쁜 모습을 보이려고 노력하고 있답니다.

좌우명은 몸과 마음을 반듯하게 해 준다

좌우명은 인생의 길을 안내해 주는 등불과 같은 것이지요. 그 좌우명대로 생활하다 보면 몸과 마음이 자신도 모르는 사이에 반듯해집니다. 그래서 예로부터 큰 업적을 남긴 우리의 선조들은 자신의 인생에 도움이 되는 문구를 적어 놓고 자주 보면서 그대로 실천했지요. 그런 실천과 노력으로 존경받는 인물이 될 수 있었답니다.

우리 민족의 위대한 영웅 충무공 이순신 장군!

그는 한 점 흐트러짐 없는 자세로 '애국애민'의 봉사자로 살았고, 목숨을 바쳐 왜구로부터 조국을 지켜 냈습니다.

안중근 의사는 조국의 독립을 위해 손가락까지 자르며 결의를 다졌습니다. 그에게 있어 '대한 독립'이란 목숨과 같은 것이었지요.

그는 밥을 먹을 때나, 책을 읽을 때나, 잠을 잘 때에도 언제나 대한 독립을 생각했지요. 그의 가슴과 머릿속엔 온통 대한 독립으로 가득 차 있었습니다. 그리고 마침내 그는 일제로부터 조국을 지켜내기 위하여 하나뿐인 목숨을 던졌습니다.

이렇듯 좌우명은 인생의 지침이 되는 금언이지요.

좌우명은 꼭 필요한 것입니다. 자신의 좌우명을 정하세요. 그리고 실천하기 바랍니다.

좌우명은 인생의 나침반과 같다.

인생은 넓은 바다와 같고, 높은 산과도 같아서

때로는 막막함을 느끼기도 한다.

그럴 때 좋은 글이나 좌우명이

인생의 방향을 결정하는 데 큰 도움을 준다.

성공한 사람들은 대부분 자신의 좌우명에 따라 삶을 살았다.

좌우명이란

자신의 인생을 가치 있고 행복하게 만드는 '삶의 거울' 이다.

좋은 습관으로
나를 채우자

좋은 습관은 바른 생활에서 온다

'세 살 버릇 여든까지 간다.'는 속담이 있지요.

이 속담에서 보듯이 버릇이란 무서운 거랍니다.

습관을 다른 말로 버릇이라고 하지요. 좋은 습관은 긍정적이고 바른 길로 이끌지만, 나쁜 습관은 부정적이고 그릇된 길로 몰고 갑니다.

습관의 힘은 참으로 대단합니다. 어린 시절 인사를 잘하던 사람은 어른이 되어서도 인사를 잘합니다.

마찬가지로 10대에 담배를 피운 사람은 어른이 되어서도 끊지 못하지요.

10대에 술을 먹으면 어른이 되어서도 술을 먹습니다.

어린 시절 독서를 즐겨 하면 평생 책을 읽지요.

이를 '습관의 힘'이라고 하는데, 이는 사람의 인생을 바꿀 만큼 대단한 위력을 갖고 있습니다. 때문에 좋은 습관을 길러야 하는데, 좋은 습관은 바른 생활에서 온답니다. 여러분들은 이것을 꼭 기억해서 좋은 습관을 갖도록 노력하십시오.

좋은 습관이 인생을 성공으로 이끈다

인생을 성공적으로 살았거나 살고 있는 사람들은 좋은 습관을 지니고 있지요. 좋은 습관은 사람의 몸과 마음을 정연整然하게 만들고 바른 생활로 안내한답니다.

지독하게 가난한 집의 장남으로 태어나 배운 것 없이 맨주먹으로 한국은 물론 세계 속의 기업 현대를 창업한 정주영 회장!

그는 평생을 검소하게 보냈습니다. 새벽 4시면 자리에서 일어나 회사까지 걸어서 출근을 했다고 합니다. 그의 성실함과 부지런함은 어린 시절부터 몸에 밴 것이라고 하는군요. 이러한 습관은 그를 큰 부자로 만들었고, '세계 속의 현대'라는 놀라운 기적을 일궈 냈습니다.

친절한 몸가짐과 인사성을 바탕으로 미국의 백화점왕에 오른 존 워너메이커!

친절과 인사성이 그를 성공한 인물로 만들었습니다.

미국 국민이 가장 존경하는 에이브러햄 링컨 대통령!

그는 젊은 시절 한때 상대방을 비평하는 나쁜 버릇을 갖고 있었지만 이내 그 나쁜 버릇을 버리고 칭찬하는 습관으로 바꾸었습니다. 그 후 링컨은 많은 사람들에게 존경받는 인물이 되었고, 미국 역사상 가장 훌륭한 대통령이 되었던 것입니다.

이렇듯 좋은 습관은 그 사람의 삶을 아름답게 변화시켜 성공하는 인생으로 만들지요.

좋은 습관은 어린 시절부터 갖는 것이 좋습니다. 한창 꿈의 골조를 세우는 10대 때에 좋은 습관을 들이면 성인이 되어서도 바른 생활 자세를 유지할 수 있습니다. 좋은 습관을 갖는 10대들이 되시기 바랍니다.

좋은 습관은 인생을 변화시킨다

한 어린이가 있었지요. 이 어린이는 어려서부터 책 읽는 걸 무척이나 좋아했습니다. 그 때는 지금과는 비교가 안 될 만큼 독서 환경이 열악한 시절이었지요. 책도 부족하고, 집도 가난하다 보니 읽고 싶은 욕망을 채우기가 아주 힘들었지요. 그래서 활자가 박힌 것은 무엇이든 닥치는 대로 읽었답니다. 신문이든, 잡지든, 책이든, 무엇이든 읽을 수 있다는 것만으로도 감사했다고 해요.

그의 책 읽는 습관은 청소년 시절을 지나 어른이 되어서도 계속되었고, 결국 그는 주목받는 작가가 되었답니다.

또 있습니다. 달리기를 좋아해서 어린 시절부터 들로, 산으로 뛰어다니는 습관을 가졌던 소년은 어른이 되어 마라톤 선수가 되었지요.

아무것도 아닌 것 같은 일도 습관이 되면 그 사람의 인생을 바꾸어 놓습니다. 그런데 이처럼 좋은 습관이면 더욱 좋겠지요.

그러나 잘못된 습관에 길들여진 사람은 인생을 비참하게 마치게 됩니다.

또 다른 한 사람이 있었지요.

그는 어린 시절부터 싸움만 일삼았답니다. 그것은 나쁜 습관이 되어 그를 싸움꾼으로 만들었고, 교도소를 밥 먹듯이 들락거리다 끝내는 자살하는 비운의 주인공이 되었습니다.

10대들이여, 좋은 습관을 기르세요. 좋은 습관은 성공의 나라로 데려다 주는 '티켓'이랍니다.

좋은 습관은 인생을 변화시켜 성공으로 이끌어 준다.

반대로 잘못된 습관은 인생을 불행의 늪으로 빠뜨린다.

책 읽는 습관, 부지런한 습관, 칭찬하는 습관,

웃는 습관, 인사를 잘하는 습관, 운동하는 습관,

음식을 골고루 먹는 식습관 등은 좋은 습관이다.

좋은 습관으로 성공하는 인생을 만들어 나가기 바란다.

친절한
마음을 갖자

용기 있고 친절한 마음은 모두를 행복하게 한다

형수는 오늘 아침 조회 때 선생님들과 전교생이 지켜보는 가운데 교장 선생님으로부터 표창장을 받았습니다. 그는 마음 한편으로는 기쁘고, 또 한편으로는 머쓱하기도 했지요. 당연히 할 일이라고 생각해서 한 것인데 표창까지 받은 것입니다.

"오늘 우리 학교의 한 자랑스러운 학생을 여러분 앞에 소개하게 되어 진심으로 기쁘게 생각합니다. 그 학생은 바로 2학년 1반 김형수 군입니다. 김 군은 늦은 저녁 공부를 마치고 귀가를 하다 한 시민이 소매치기를 당하는 것을 목격하고 끝까지 쫓아가 그 소매치기를 잡는 데 큰 기여를 했습니다. 자신이 다칠 수도 있는 상황에서 두려워하지 않고 용기 있게 행동한 김 군은 참으로 장한, 우리 학교의 자랑입니다.

나는 형수 군을 보고 우리나라의 미래는 참 밝고 희망적이라고 생각했습니다. 우리 학교 학생 모두는 불의 앞엔 정의롭고, 약한 사람에겐 부드럽고 따뜻한 사람이 되어 그들의 친구가 되어 주길 바랍니다.

우리 모두 자랑스러운 김형수 군에게 힘찬 박수로 격려해 줍시다."

교장 선생님은 싱글벙글하시며 말씀을 마치셨습니다. 교장 선생님으로부터 얘기를 전해 들은 선생님들과 전교생은 형수에게 아낌없는 박수를 보냈습니다.

조회를 마치고 교실로 오자 담임 선생님 역시 환한 얼굴로 형수를 칭찬해 주었지요. 반 친구들은 책상까지 두드리며 기쁜 마음을 보여 주었습니다.

형수는 그날 새롭게 결심을

했지요. 누구에게나 친절한 사람이 되겠다고. 그리고 어떤 일 앞에서도 용기 있는 사람이 되겠다고.

친절은 용기에서 나온다

친절한 사람과 이야기를 나누면 기분이 참 좋지요. 그런 사람을 대하면 마음이 넉넉해지고 가슴이 따뜻해집니다. 친절은 사람을 감동시키고 따스하게 하는 에너지를 품고 있답니다.

그런데 친절한 행동은 저절로 우러나는 것이 아닙니다. 그것은 용기에서 나오는 것이지요.

용기는 두려움을 없애 주고, 자신감과 너그럽고 자애로운 마음을 갖게 해 줍니다.

세계 4대 영웅의 한 사람인 칭기즈칸!

그는 용맹스럽기가 백수의 제왕 사자와 같고, 늠름한 기상이 하늘에 닿는 영웅 중의 영웅이었답니다.

그는 호탕한 성격을 갖고 있었지만 힘 없는 백성들에겐 한없이 너그럽고 자상했습니다. 자신을 배신한 의형제를 끝까지 아끼는 따뜻한 마음의 소유자였지요.

그가 부하들과 백성들에게 절대적인 신임을 얻은 이유는 그의 탁월한 지도력에도 있었지만 사람들을 너그럽게 아우를 줄 아는 친절한 마음에 있었습니다.

친절이란 덕스러운 마음에서 오는 것이지요.

덕망이 있는 사람 치고 매몰찬 사람은 없습니다. 덕은 친절의 근원이고, 용기는 친절한 행동을 이끌어 내는 '힘'이지요. 우리 10대들도 칭기즈칸의 관대한 품성과 친절한 행동을 닮아 멋진 인생의 주역이 되길 바랍니다.

친절은 가장 훌륭한 인생의 처세술이다

친절은 사람들 관계를 부드럽게 해 주는 윤활유입니다. 그래서 사람들 사이의 서먹함을 없애 주고, 경직된 분위기를 풀어 주며, 닫혀 있는 마음을 열게 해 주지요.

성공적인 인생을 살았거나 살고 있는 사람들은 대개 친절한 마음을 가지고 있었답니다.

《전쟁과 평화》를 쓴 톨스토이, 영국의 사상가 칼라일, 영국의 문필가 찰스 램, 어린이의 영원한 친구 페스탈로치, 전쟁터를 누비고 환자를 돌본 앙리 뒤낭과 나이팅게일, 자신도 장애인이면서 가난하고 병든 자들을 위해 살았던 헬렌켈러 등은 인생을 참 따뜻하게 살았지요.

그리고 강철왕 카네기, 석유왕 록펠러, 디즈니랜드 창업자인 월트 디즈니 등은 친절을 무기로 성공적인 인생을 만든 사람들입니다. 이렇듯 친절은 훌륭한 처세술이 될 수 있답니다.

친절한 마음을 갖고 용기 있게 사는 10대들이 되었으면 좋겠습니다.

친절한 사람을 보면
마음이 따뜻해지고, 기분이 좋아진다.
친절은 사람들 관계를 부드럽고 여유 있게 만들어 준다.
친절한 행동은
사람을 감동시키는 힘이 있다.
친절은 용기에서 나오고,
용기는 너그럽고 자애로운 마음을 갖게 해 준다.
친절은 가장 훌륭한 처세술이다.

부정적인 말과 생각은
쓰레기통에 버리자

모든 실패는 부정적인 말과 생각에서 온다

'나는 할 수 없어.'

'그건 해보나 마나야.'

'그거 뻔한 거 아냐?'

'그런데 왜 하려고 해?'

이런 말을 습관적으로 하는 사람들을 보면 생각이 꽉 막힌 것 같아 답답합니다. 그런 사람의 머리에는 부정적인 생각만 가득 차 있어 자신이 능히 할 수 있는 일들까지도 지나쳐 버립니다. 이는 자신의 능력을 스스로 궤멸시키는 참으로 어리석은 일이지요.

흔히 하는 이야기로 '모든 것은 마음먹기에 달렸다.'는 말이 있는데, 이 말은 마음 자세가 그만큼 중요하다는 것을 뜻하지요. 같은 일을 놓고 어떤 사람은 '나는 할 수 있어.'라고 말하고, 다른 사람은 미리 겁먹고 '나는 할 수 없어!'라고 한다면 과연 어떤 사람이 현명할까요? 당연히 첫 번째 사람이지요.

미국의 정치가이자 과학자이고, 출판인이면서 저술가로 이름을 드높인 벤자민 프랭클린!

그는 가난하여 학교라곤 고작 1년밖에 다니지 못했지만 책 읽는 것을 좋아하여 모든 것을 책으로부터 배웠지요.

그에게 부정적인 생각이나 말은 아예 없었습니다. 매사에 긍정적이고, 능동적이었지요. 그가 성공할 수 있었던 것은 바로 긍정적인 사고방식 때문이었답니다.

포드는 "장래를 겁내고 실패를 두려워하는 사람은 그 활동이 막혀도 어쩌지 못한다. 실패란 무서운 것이 아니다. 도리어 그 경험을 살려서 재출발할 수 있는 좋은 기회다."라고 했습니다.

부정적인 생각이 자신의 앞날에 얼마나 나쁜 영향을 미치는

지 생각하게 해 주는 말입니다.

'내가 어떻게 그 학교에 가? 이번 시험은 보나 마나야, 내가 그걸 어떻게 해.'라는 부정적인 말과 생각을 마음속에서 떨쳐 버리세요. 실패는 부정적인 말과 행동에서 오는 것이니 늘 긍정적인 말과 생각만을 하기 바랍니다.

모든 성공은 긍정적인 말과 생각에서 온다

미국의 사상가인 랠프 왈도 에머슨은 "가능하다고 믿는 사람이 승리한다."고 말했지요.

또 베이싱 킹은 "대담하라, 그러면 큰 힘이 우리를 도와줄 것이다." 라고 말했습니다.

에머슨의 말처럼 자신이 하고자 하는 일에 긍정적인 믿음을 갖는 것은 매우 중요하지요. 그런 마음을 갖는 것만으로도 그 일의 반은 이미 성공한 거나 다름없습니다.

미국 크라이슬러 자동차 회사가 심각한 경영난을 겪고 있을 때였습니다. 최고 경영진과 임원들 모두 깊은 걱정에 빠져 있었지요. 크라이슬러는 마치 바람 앞에 등불 같은 형국이었습니다.

그때 크라이슬러사의 수석이사 겸 회장인 존 리카르도가 리 아이어코카에게 자기 회사의 사장으로 와 달라고 요청을 했지요. 그 당시 리 아이어코카는 포드 자동차 사장으로 8년간을 재직하다 포드 2세와의 의견 충돌로 해임되어 쉬고 있었지요. 리 아이어코카는 리카르도의 제의를 받아들여 크라이슬러 자동차 회사의 사장이 되었습니다.

그는 크라이슬러에 입사하자마자 우선 그 회사의 문제점부터 파악하기 시작했습니다.

그리고 퇴근도 미루어 가면서 노력한 끝에 단시간 내에 회사를 흑자 경영으로 바꾸어 놓았습니다. 각 매스컴은 이를 기적이라고 연일 보도하였고, 리 아이어코카는 영웅이 되었답니다.

리 아이어코카가 성공을 거둘 수 있었던 것은 긍정적이고 능동적인 생각 때문이었지요. 모든 사람들이 불가능하게 보았던 크라이슬러 자동차 회사를 그는 긍정적으로 보았던 것입니다.

한 사람의 긍정적이고 역동적인 사고는 역사를 바꿀 만큼 큰 힘을 발휘합니다.

모두가 '안 된다'고 해도 나는 '된다'고 해야 합니다. 그래야 성공의 길이 열리는 것이지요.

성공은 긍정적인 생각에서 옵니다.

성공을 위한 아름다운 말

성공으로 가는 아름다운 말을 몇 가지 살펴보기로 해요.

"불행을 불행으로 끝맺는 사람은 지혜가 없는 사람이다. 불행 앞에 우는 사람이 되지 말고 불행을 하나의 출발점으로 이용하는 사람이 되라."

발자크의 말입니다.

소크라테스도 말했지요.

"인생의 시초는 곤란이다. 그러나 성실한 마음으로 물리칠 수 없는 곤란은 없다."

소설《돈키호테》로 유명한 세르반테스도 말했습니다.

"운명은 항상 너를 위하여 보다 훌륭한 성공을 준비하고 있다. 그러므로 오늘 실패한 사람이 내일에 가서는 성공한다."

또, '과녁을 맞히기는 어려우나 빗나가게 하기는 쉽다.'는 말도 있습니다. 이 말의 속뜻은 한 번 실패하더라도 포기하지 말고 자꾸 도전하라는 것이지요.

이상의 말을 보더라도 성공을 위해서는 부단히 노력해야 하며, 한편으로는 실패에 대한 두려움을 버려야 한다는 것을 알 수 있습니다.

성공하고 싶으면 부정적인 말과 생각을 버리세요.

그 대신 항상 '나는 할 수 있다.' '해내고야 만다.' '나는 행복하려고 태어난 사람이다.'라는 긍정적이고 진취적인 생각으로 마음을 가득 채우기 바랍니다. 그런 사람이라야 성공할 수 있습니다.

모든 실패는 부정적인 말과 생각에서 온다.

'안 돼, 할 수 없어, 내가 그걸 어떻게 해.'라는 말 속엔

이미 실패의 그림자가 길게 드리워져 있다.

모든 성공은 긍정적인 말과 생각에서 온다.

'나는 할 수 있어, 나는 해내고야 말 테야.'라는 말 속엔

성공의 빛이 반짝거리고 있다.

성공하고 싶다면 항상 긍정적인 말과 생각을 하라.

그러면 성공할 수 있다.

불평불만을
마음속에서 지우자

불평불만은 부정적인 마음을 낳는다

우리 주위에는 불평을 예사로이 내뱉는 사람이 있습니다. 그런 불평불만은 자신에게나 타인에게나 전혀 도움이 되지 않습니다.

불평불만을 자주 하면 일에 대한 판단이 흐려지고, 잘못된 감정에 빠져 일을 그르칠 수 있답니다. 또한 상대방의 마음을 불편하게 해서 서로의 관계를 악화시킬 수도 있지요.

불평불만은 인생을 살아가는 데 전혀 도움이 되지 않는 '감정의 불순물'입니다.

그리고 자꾸 불평불만을 하다 보면 습관이 되고, 부정적인 마음을 갖게 만든답니다.

어떤 학생의 이야기입니다.

그는 외아들로 부모의 극진한 사랑을 받았지만 평소에 버릇이 없고, 매사에 불평불만이 많았습니다. 뭐든지 자신의 뜻대로 하려 했고, 자신의 생각과 맞지 않으면 어디서든, 누구 앞에서든 불평을 터뜨렸지요. 매사가 자기 멋대로였습니다.

고등학교 2학년이 되고 한 달이 채 되지 않은 어느 날, 그는 하굣길에 싸움을 벌여 상대방 학생에게 큰 상해를 입혔습니다. 그 일로 그는 소년원에 가게 되었고, 소년원에서 나온 이후에도 반성은커녕 불평불만만 더 늘어 더욱 싸움질에 몰두하였지요.

성인이 되어서도 그는 싸움질로 허송세월을 하며 교도소를 자기 집처럼 들락거렸습니다.

그러던 어느 날 호젓한 산속에서 그는 죽은 채로 발견되었답니다. 여럿이 더불어 사는 세상에 적응하지 못하고 약을 먹어 스스로 목숨을 끊고 말았습니다.

그는 부모의 극진한 사랑을 한 몸에 받고 자랐지만 한번 삐

뚤어진 마음을 바로잡지 못해 젊은 꿈을 키워 보지도 못하고 짧은 생애를 접었습니다.

불평불만은 부정적인 생각을 키우고, 부정적인 생각은 절망을 불러온다는 것을 꼭 알았으면 합니다.

불평불만을 긍정적인 마음으로 바꾸자

란희는 자신의 외모에 불평불만이 많습니다.

다른 사람들이 보기엔 얼굴도 예쁘고, 키도 적당하고, 몸매도 썩 괜찮은데 그녀는 자신의 키가 작다, 몸이 뚱뚱하다, 얼굴이 밉다며 불평을 했습니다. 그리고 틈만 있으면 거울 앞에 매달려 외모 가꾸기에 여념이 없습니다.

너무 외모에만 신경을 쓰다 보니 공부를 소홀히 하게 되어 성적은 곤두박질치며 떨어졌지요.

그녀는 자신의 문제점을 스스로 잘 알고 있었지만 마음대로 되지 않았습니다. 그런 그녀가 YMCA에서 개최하는 청소년을 위한 특강을 들으러 갔다가 그곳 카운슬러로부터 뜻밖의 질문을 받았지요.

"자신에게 가장 큰 문제가 무어라고 생각하십니까?"

란희는 주저함 없이 말했지요.

"저의 외모입니다."

"외모는 그만하면 썩 훌륭한데 뭐가 문제지요?"

"몸도 뚱뚱하고, 얼굴도 마음에 들지 않아요."

"그래요? 내가 보기엔 예쁘고, 몸도 날씬한데요."

"전 한 번도 그렇게 생각해 본 적이 없어요."

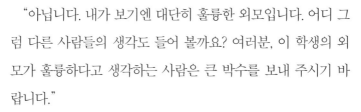

"아닙니다. 내가 보기엔 대단히 훌륭한 외모입니다. 어디 그럼 다른 사람들의 생각도 들어 볼까요? 여러분, 이 학생의 외모가 훌륭하다고 생각하는 사람은 큰 박수를 보내 주시기 바랍니다."

그의 말이 끝나기가 무섭게 우레와 같은 박수 소리가 울려 퍼졌습니다.

그 순간 그녀의 가슴속에서 뜨거운 것이 뭉클거리며 솟아났습니다. 그리고 마음이 뿌듯해지며 기분이 좋아졌습니다. 지금까지 살면서 오늘처럼 많은 사람들로부터 칭찬을 받기는 처음이었습니다.

그 일이 있은 후, 란희는 자신의 외모에 자신감을 갖기 시작했지요. 생각이 바뀌니까 불평불만도 사라지고 모든 것이 긍정적으로 보이기 시작했답니다. 그 후 그녀의 성적은 몰라보게 좋아졌고, 매사에 의욕이 넘쳤습니다.

여러분 중에도 자신에게 불평불만이 많은 사람이 있다면 긍정적인 생각으로 바꿔 보세요. 긍정적인 생각을 하면 사물들이 새롭게 보이고, 자신감이 넘쳐 나게 됩니다. 어른들이 흔히 하는 말처럼 세상만사 생각하기에 따라서 달라지는 것입니다.

자신에게 가장 큰 적은 불평불만이다

불평은 비교에서 비롯됩니다.

좋은 의미에서의 비교는 더 큰 발전을 가져오지만 나쁜 의미에서의 비교는 자기 파멸만 가져올 뿐이지요.

자신에게 가장 큰 적은 불평불만입니다.

불평불만이 많은 사람일수록 자신감이 없습니다. 자신감을 잃으면 모든 것을 부정적으로 생각하게 되고, 부정적인 사람은 자신의 장점까지도 쓸모없는 것으로 만들어 버립니다.

자신을 사랑하고 아끼세요.

자신을 사랑하는 사람이 현명한 사람이지요. 자신의 가치를 스스로 떨어뜨리는 사람은 어리석은 사람이랍니다.

월만은 "세상에서 가장 좋은 벗도 내 자신이고, 가장 나쁜 벗도 내 자신이다." 라고 말했습니다.

자신 안에 있는 모든 불평불만을 몰아내세요. 그리고 그 안에 긍정적인 마음만을 가득 채우기 바랍니다. 그것이 성공적인 인생을 사는 최고의 지혜입니다.

불평불만은 자신에게 가장 큰 적이다.

불평불만으로 가득 찬 사람은 매사에 부정적이며 자신감이 없고,

어떤 일이든 쉽게 포기한다.

불평불만은 자신에게 있는 능력마저 소멸시키는 무서운 독과 같다.

긍정적인 사람이 되고 싶은가?

그렇다면 자신의 마음속에 있는 모든 불평불만을 날려 버려라.

그리고 능동적이고 진취적인 생각으로 바꾸어 채워라.

그것이 아름다운 사람이 취할 현명한 선택이다.

존경하는 사람의 행동을
따라 하자

자신이 존경하는 사람을 인생의 교과서로 삼아라

사람은 누구나 존경하거나 좋아하는 사람이 있게 마련이지
요. 그런 사람은 타인의 삶에도 비타민 같은 역할을 해 주고,
정신적 에너지, 마음의 위안이 되어 주기도 합니다. 또 그들이
걸어간 삶의 길은 내 인생의 길잡이가 되기도 하고요. 그래서
존경하는 인물이 있으면 좋지요.

그런데 존경하는 사람을 마음으로만 존경한다면 그것은 더
이상 자신에게 유익함을 주지 못합니다. 존경하는 인물의 삶

의 행적을 따라 해 보는 것은 좋은 경험이 됩니다. 왜냐하면 그들의 인생은 이미 검증된 삶이기에 그들의 행동을 따라서 한다는 것은 훌륭한 교과서대로 따라 하는 효과를 주기 때문이지요.

자신이 존경하는 인물 설정하기

하이든, 모차르트와 더불어 고전파 음악의 대가인 베토벤!

그는 누구보다 자신의 인생을 온몸으로 뜨겁게 살았던 인물입니다.

그러나 베토벤은 30대부터 귓병이 악화되어 음악가에게 생명이나 다름없는 청력을 상실했습니다. 그럼에도 굴하지 않고 좋은 음악을 만들기 위해 혼신의 노력을 다했습니다.

그런 그에게 장애는 한낱 바람에 날리는 겨와 같았지요. 물론 처음엔 장애를 극복할 수 없어 방황하고 고통스러워했지요. 그러나 베토벤이 생각을 바꾸자 장애는 오히려 그를 더욱 열정적이고 능동적인 사람으로 바꾸어 주었지요.

〈제2교향곡〉〈제3교향곡〉〈제5교향곡〉〈제6교향곡〉〈제9교향곡〉을 비롯한 주옥같은 곡들은 그가 청력을 읽고 난 뒤에 만든 것들입니다.

베토벤의 음악은 하이든이나 모차르트의 음악이 정적인 데 비하여 동적이고 다이내믹한 힘을 지니고 있지요. 이런 그의 음악은 후기 음악가들에게 막대한 영향을 주었습니다.

낭만파 음악가로서 '가곡의 왕'이라는 칭송을 듣는 슈베르트!

그의 대표곡으로는 〈겨울 나그네〉〈아름다운 물레방앗간 아가씨〉〈숭어〉 등이 있지요. 그는 베토벤을 마음 깊이 존경한 나머지 베토벤의 음악성은 물론 삶의 방식까지도 닮기를 원했다고 합니다. 너무나도 베토벤을 존경한 그는 비록 31세의 짧은 생을 살았지만 생애의 대부분을 베토벤이 활동하는 빈에서 보내며 음악 활동을 하였지요.

"내가 가장 존경하는 분은 베토벤입니다. 나는 그의 모든 것을 닮고 싶었고, 그와 같은 훌륭한 음악가가 되고 싶었습니다. 내가 죽으면 나를 그분 옆에 묻어 주세요. 이것이 나의 마지막 소망입니다."

그는 죽음에 앞서 남긴 유언에서도 베토벤의 무덤 옆에 묻히기를 원했지요. 그는 자신의 유언대로 벨링크 묘지에 있는 베토벤 무덤 가까이에 묻혔습니다.

베토벤을 향한 슈베르트의 열정은 실로 대단하였고, 그런 열정은 그를 독일 낭만파의 대표적인 음악가로 만들었습니다.

존경하는 인물을 따라 해 보자

성공적인 인생을 살았던 사람들은 보통 사람들에게서는 볼수 없는 그들만의 독특한 특징이 있지요. 그 특징을 살펴보면,

첫째, 자신만의 주관과 개성이 뚜렷하고,

둘째, 목표 의식이 철저하며,

셋째, 오뚝이 정신을 가졌고,

넷째, 자신의 부와 명예만을 생각하지 않고 인류를 사랑하는 인간애를 가졌지요.

다섯째, 재능을 지녔지만 그보다는 자신의 노력을 믿었고,

여섯째, 끊임없이 창의력을 분출시키는 열정이 있었답니다.

보통 이상의 사람이 되려면 보통 그 이상의 노력이 있어야 합니다. 자신이 존경하는 사람처럼 살기를 꿈꾼다면 그들이 취했던 삶의 방식을 자기의 것으로 받아들이고, 거기에 자신만의 개성을 보태 창의적으로 살아가면 꿈을 이룰 수 있지요.

에디슨을 존경했던 자동차왕 헨리 포드는 그를 닮기를 원했고, 그에게 칭찬받자 자신감을 얻어 노력한 끝에 세계적인 인물이 되었답니다.

소크라테스를 존경했던 플라톤은 스승 못지않은 철학자가 되었고, 아리스토텔레스 역시 플라톤을 능가하는 철학자가 되었지요. 플라톤과 아리스토텔레스가 소크라테스 못지않은 철학자가 된 것은 소크라테스를 능가하는 노력을 보였기에 가능했던 것입니다.

세상의 모든 일 중에 저절로 이루어진 것은 아무것도 없지요. 인생을 멋지게 살고 싶다면 자신이 가장 잘할 수 있는 일을 선택해 보세요. 그리고 그 일에 성공한 인물을 자신의 모델로 삼아 꾸준히 노력한다면 따뜻한 봄날 같은 미래가 환한 웃음으로 다가올 겁니다.

성공적인 생애를 살았던 사람들은
자신이 존경하는 인물을 정하고, 그 인물을 닮기를 원했다.
그의 말과 행동, 그의 사상, 그가 좋아하는 취미,
심지어는 즐겨 먹던 음식까지 따라서 먹었다.
이는 존경하는 인물의 삶과 자신의 삶을
일치시키고 싶은 간절한 소망 때문이다.
그만큼 자신이 존경하는 인물을 흠모하고
그렇게 노력한 결과 인생의 승리자가 되었다.
삶은 그 어떤 것도 절대로 공짜가 없으며,
어떤 삶이든 그 나름의 가치를 지니고 있다.
인생의 멋진 주연이 되기 바란다.

좋은 문구와 말은 메모하자

좋은 글과 말은 인생을 변화시키는 힘이 있다

좋은 글은 인간의 영혼을 살찌게 하고, 마음을 풍요롭게 하며, 메마른 정서를 촉촉하게 적셔 주지요.

한여름 무더위를 시원하게 해 주는 산들바람이기도 하고, 추운 겨울날 몸을 따뜻하게 감싸 주는 난로이기도 합니다.

한 편의 좋은 시나 시구詩句, 한 줄의 좋은 문장은 돈으로도 살 수 없는 커다란 가치를 가지고 있지요. 깊은 사색의 바다에서 건져 올린 귀한 글은 그 어떤 것보다 소중하고, 인생을 새롭게 변화시키는 힘을 가지고 있답니다.

국악, 대중가요, 재즈까지 포용하는 퓨전 음악을 추구하며 심장이 터질 듯한 목소리로 폭넓은 대중의 인기를 얻고 있는 소리꾼 장사익!

그가 대중들에게 좋은 노래를 들려 주는 가수가 되기 전에는 여러 가지 직업을 전전하며 살았다고 합니다. 그는 무슨 일이든 열심히 했지요.

그가 적극적인 사람이 될 수 있었던 것은 군에 입대하여 훈련소에서 훈련을 받을 때 교관에게서 들은 이야기 때문입니다. 당시 그 교관의 말은 그에게 큰 의미로 다가왔다고 합니다.

"우리 인생 60년을 시계의 60분, 즉 1시간으로 줄여 보자. 그러면 군 생활 3년은 3분이 된다. 이 3분을 최선을 다하여 열심히 지낸다면 여러분은 자랑스러운 대한민국의 남자가 되지만, 그렇지 않으면 인생의 낙오자가 될 것이다!"

그는 이 말대로 군 생활에 최선을 다하고 제대를 해서도 자신의 일에 열심히 노력했습니다. 그러나 일마다 잘 되지 않았고, 그 어떤 것에서도 만족감을 얻지 못했답니다.

그러자 매사에 초조해지고 자신이 없어지기 시작하더래요.
이래선 안 되겠다고 생각한 그가 다시 용기를 내어 새로운 일
에 도전을 했답니다.

그는 국악기인 태평소를 배우기 시작하여 입술이 부르트도
록 연습을 했습니다. 그러자 여기저기서 상도 주고, 노래를 불
러 달라는 초청을 받기도 했습니다.

그에게 끊임없이 힘을 주었던 '3년을 3분같이'란 말!

이 말은 그에게 새로운 꿈을 일궈 내는 큰 힘을 주었고, 이제
그는 날마다 신명 나는 노래를 부르며 행복한 꿈을 꾼답니다.

좋은 글과 말을 서로에게 전해 주자

미국에 H. C.머튼이란 사람이 있었지요.

이 사람은 아내와 함께 전국을 돌며 장사를 하였답니다.

그들 부부는 늘 행복한 마음을 갖고, 만나는 사람들에게 행
복을 전해 주었지요. 그들 부부가 하는 말은 힘들고 어려운 사
람들에게 거친 사막의 오아시스처럼 큰 용기를 심어 주었고,
꿈을 잃은 사람에게는 꿈을 찾게 해 주었지요.

머튼 부부가 이처럼 행복을 전하는 전도사가 될 수 있었던 것
은 그들에게 믿음과 신념을 심어 준 짤막한 글 때문이었답니다.

행복에 이르는 길

당신 마음을 증오로부터,

당신 머리를 고민으로부터 해방시켜라.

간단하게 생각하라.

기대는 적게 갖고,

주는 것을 많이 하라.

당신 생활을 사랑으로 가득 채워라.

그리고 빛을 발하도록 하라.

나를 잊고 남을 생각하며

남의 일을 자신의 일과 같이 하라.

이상과 같은 일을 일주일 계속하라.

그러면 놀라운 일이 생길 것이다.

머튼 부부는 이 글귀를 명함에 새겨 만나는 사람마다 주었지요. 그의 명함을 받은 사람들은 그 글귀를 통해 힘들고 어려울 때마다 용기와 힘을 얻어 새로운 돌파구를 찾았고, 그 결과로 행복한 삶을 누렸다고 합니다.

좋은 글이나 말은 반드시 메모하기

인도 콜카타의 어린이의 집 '쉬슈 브하반'의 벽 표지판에는 〈그래도〉라는 글이 적혀 있습니다. 나는 이 글을 읽고 가슴이 불덩이처럼 뜨거워지는 감명을 받았습니다.

그 글은 낱말 하나하나가 따뜻한 생명을 품고 있어, 메마른 내 영혼에 이슬처럼 맑은 마음을 선물해 주었지요.

그래도

사람들은 불합리하고,
비논리적이고 자기중심적이다.
그래도 사랑하라.

당신이 선한 일을 하면
이기적인 동기에서 하는 거라고 비난받을 것이다.
그래도 좋은 일을 하라.
당신이 성공하면
거짓된 친구들과 참된 적을 만날 것이다.
그래도 성공하라.

오늘 당신이 선을 행하면
내일은 잊혀질 것이다.
그래도 선을 행하라.
당신이 정직하고 솔직하면
상처를 받을 것이다.
그래도 정직하고 솔직하라.

당신이 여러 해 동안 공들여 만든 것이
하룻밤 사이에 무너질지도 모른다.
그래도 만들어라.

사람들은 도움이 필요하면서도
당신이 도와주면 공격할지도 모른다.
그래도 도와주어라.

당신이 세상에서 가장 좋은 것을 주면
누군가로부터 당신은 발길로 차일지도 모른다.
그래도 가진 것 중에서
가장 좋은 것을 세상에 주어라.

이 글에는 절망적이거나 부정적이거나 미련스럽거나 고집스러운 말은 단 한 글자도 없습니다. 모두 긍정적이고, 능동적이고, 희망적인 말로 이루어져 있지요. 그래서 이 글은 지금도 많은 사람들에게 읽혀 용기와 희망을 줍니다.

행복하게 살고 싶다면 그에 합당한 노력을 해야 합니다.

미국의 심리학자 윌리엄 제임스는 말했지요.

"행복해서 웃는 것이 아니라 웃으니까 행복해진다."

이 말에서 보듯 행복이란 행복해지려고 노력하는 사람에게 오는 기쁨의 파랑새입니다.

'지금'은 아주 중요한 시점입니다. 방금 전의 지금은 더 이상 '지금'이 아니지요. 그것은 이미 과거일 뿐이랍니다.

마음과 몸이 자라고, 꿈이 자라는 10대는 인생에서 가장 싱그럽고 희망찬 시기이지요. 눈부시게 푸르고 아름다운 이 시기에는 최선을 다해 자신을 사랑하고, 미래를 준비해야 합니다. 아름다운 미래는 자신을 위해 아낌없이 투자하는 사람에게 문을 활짝 열어 준답니다.

좋은 글이나 말은 마음을 강하게 잡아끄는 매력이 있다.

그것은 캄캄한 동굴을 환하게 비추는 한 줄기 빛과 같고,

메마른 사막 한가운데에서 갈증 난 목을 축여 주는 샘물과 같고,

사랑과 꿈을 잃고 실의에 젖어 있는 사람에게

용기와 희망을 주는 사랑과 같다.

성공한 사람들은

자신이 좋아하는 글이나 말을 늘 가슴에 품고 살았다.

그들은 힘들 때마다 가슴속에 간직한 소중한 글과 말을 꺼내

자신을 위로하고 새로운 에너지를 얻어 앞을 향해 나아갔다.

규칙적인 생활은
바른 마음을 갖게 한다

주변 정리를 잘하는 습관을 들이자

민규는 주변 정리를 잘하지 못해 가끔 아버지로부터 꾸중을 듣곤 하지요. 그는 고등학교 1학년인데도 도대체 정리 정돈을 하지 못합니다. 책이고 옷이고 온 사방에 늘어놓기 일쑤고, 치울 줄을 모릅니다. 그럴 때마다 부모님으로부터 꾸중을 듣지만 그때뿐입니다.

"이민규, 넌 네 물건을 이렇게 함부로 두어도 되는 거냐?"

어느 일요일, 방 안 가득 흐트러져 있는 책과 옷가지들을 보고 아버지가 말했습니다. 책은 여기저기 굴러다니고, 옷은 옷대로 한쪽 구석에 처박혀 있었지요. 그 모습은 누가 보더라도 지적하지 않을 수 없는 상황이었답니다.

"아, 아빠……."

민규는 엎드려서 책을 보다가 아버지의 묵직한 말에 자리에서 벌떡 일어났지요. 그러고는 우물쭈물 좌우를 살펴보았답니다. 자신이 생각해도 이건 완전히 난장판이었지요. 정말 어이가 없을 정도로 너저분했습니다. 민규는 고개를 푹 떨어뜨리고 단단히 혼날 각오를 할 수밖에 없었지요.

"너, 도대체 이게 뭐냐? 이런 데서도 글이 머리에 들어와? 주변을 잘 정리하고 단정한 마음으로 책을 읽어야지."

"……."

민규는 아무 말도 못하고 가만히 있었답니다.

"왜, 말이 없어? 너는 네가 뭘 잘못했는지도 모르지?"

"아, 아니요. 알아요."

민규는 모기만 한 소리로 말했습니다.

"너, 지난번 네가 했던 말 기억하지?"

"네!"

민규는 전에도 똑같은 일로 아버지한테 혼난 적이 있었지요. 그 때 민규는 한 번만 더 이런 모습을 보이면 어떤 벌도 달게 받겠다고 약속을 했었답니다.

"너, 네가 한 말에 책임을 져! 맞을 거냐, 아니면 벌을 설 거냐? 네가 선택해!"

"맞겠습니다."

민규는 남자답게 맞겠다고 했지요. 자신의 못된 버릇을 고치고 싶었거든요.

"그래? 그럼 몇 대를 맞을 건지, 그것도 네가 정해!"

"17대 맞겠습니다."

"17대? 그 이유는?"

"제 나이 숫자만큼 맞겠습니다."

"그래? 알았다. 네 스스로 정한 거니까 어떤 불평도 하지 말거라. 종아리 걷고 이리 와 서!"

민규는 바지를 걷어 올리고 아버지 앞에 섰어요.

아버지는 회초리를 내려쳤습니다. 찰싹거리는 소리와 함께 민규는 지독한 통증을 느껴야 했지요. 얼마나 아픈지 눈물이 핑 돌았답니다. 그렇지만 이를 악물고 참았지요. 이참에 자신의 못된 습관을 확실하게 고치고 싶었던 겁니다.

아버지는 꼿꼿한 자세로 계속해서 회초리로 내려쳤습니다.

오늘처럼 아버지가 호되게 때리는 건 처음이었습니다.

17대를 다 맞고 나니 민규 종아리에는 빨간 줄이 죽죽 생겼습니다. 눈에서는 자신도 모르게 눈물이 주르르 흘러내렸지요.

민규는 입술을 꽉 깨물고 아픔을 참아 냈습니다. 그런데 이상한 것은 아픔 속에서도 속은 후련했다는 거예요. 마치 답답했던 가슴에서 무언가가 빠져나간 듯한 느낌이 들었습니다.

"민규, 잘 들어라. 너는 지난번 아빠와의 약속을 지키지 않아서 오늘 그 벌로 매를 맞았다. 그러나 매 맞는 것은 남자답게 잘 견디었다. 넌 이제 이 시간 이후로 완전히 달라져야 한다. 그런데도 이전과 똑같다면 넌 더 이상 이민규가 아니다. 이 아빠는 자신의 말에 책임질 줄 아는 너의 모습을 보고 싶다. 어때, 널 믿어도 되겠지?"

"네! 이번엔 믿으셔도 돼요. 꼭 지킬게요."

민규도 단호한 어투로 말했답니다.

아버지는 민규의 어깨를 가볍게 두드려 주었습니다.

"오냐, 믿으마."

아버지는 그런 민규의 모습에 미소를 보냈습니다.

그리고 일주일이 지나도록 민규는 한 번도 주변을 어지럽히는 일이 없었습니다. 그렇게 한 달이 가고, 두 달이 지나면서 민규의 못된 버릇은 깨끗이 고쳐졌습니다.

규칙적인 생활은 반듯한 자세를 갖게 한다

민규는 또 아침마다 늦잠 자는 버릇도 있어 엄마를 많이 힘들게 했지요. 아침만 되면 엄마와 민규 사이엔 한바탕 전쟁 아닌 전쟁이 벌어지곤 했답니다. 그런데 정리 정돈하는 습관이 몸에 배면서 늦잠 자는 버릇도 저절로 고쳐졌습니다.

민규 자신이 생각해도 신기할 정도였습니다.

"여보, 우리 민규가 완전히 다른 아이가 됐어요."

엄마는 너무도 달라진 민규가 자랑스러워 환하게 웃으며 아버지에게 말했습니다.

"그래요. 나도 어떤 때는 쟤가 민규 맞아? 하고 생각한다니까. 하하하!"

민규 아버지 역시 흐뭇한 표정으로 껄껄 웃었습니다.

바른 생활 습관은 바른 생각과 바른 행동을 하게 합니다.

독일의 철학자 칸트는 규칙적

인 생활을 했던 사람으로 유명하지요. 그는 항상 일정한 시각에 집을 나와 산책을 했는데, 그 시각이 늘 같았대요. 그래서 동네 사람들은 그가 지나가면 '아, 지금 몇 시구나.' 하고 말했답니다. 이런 규칙적인 생활 습관이 칸트를 근대의 대표적인 철학자로 만들었던 거예요.

성공적인 삶을 살고 간 많은 사람들은 규칙적인 생활을 하며 자신의 마음과 생활을 반듯하게 했다고 해요. 규칙적인 생활이 삶을 변화시키는 큰 힘을 갖고 있다는 것을 알 수 있지요.

10대는 푸른 꿈이 용솟음치는 아름다운 시기다

10대는 몸과 마음이 쑥쑥 자라나는 시기입니다. 그리고 푸른 꿈이 샘물처럼 용솟음치는 시기입니다. 이처럼 소중한 시기에 자신의 생활을 되는 대로 막 한다면 어떻게 될까요? 그것은 굳이 말하지 않아도 뻔하겠지요.

P라는 사람이 있었습니다.

그는 중학교 2학년 때부터 담배를 피우고, 술을 먹었습니다. 부모님과 학교 선생님이 달래도 보고, 야단도 쳤지만 아무 소용이 없었지요.

그는 담배를 끊고 술을 마시지 않겠다고 부모님 앞에서 철

석같이 약속했어요. 하지만 P는 한 번도 약속을 지키지 않았습니다. 물론 그도 노력을 안 한 건 아니지요. 그러나 깊이 물든 나쁜 습관을 고치기엔 부족했습니다. 그는 하루에 두 갑 이상의 담배를 피웠지요. 어른이 돼서는 더 심해져 하루에 서너 갑씩 피워대고, 술도 더 마셨지요.

그러던 어느 날부터 P는 심한 기침을 하기 시작했습니다. 그리고 숨이 가빠 오고 가슴에 통증을 느껴 할 수 없이 병원을 찾았지요. 며칠 후에 진단 결과가 나왔는데 놀랍게도 폐암 3기라고 했습니다.

P는 충격을 받아 병원 바닥에 털썩 주저앉고 말았지요. 하늘이 노랗게 변하고, 눈앞이 캄캄했답니다.

P는 한동안 정신을 차릴 수 없어 부축을 받고 겨우 병원을 나섰지요. 눈물이 핑 돌며 지난 시절 자신의 철없던 모습이 떠오르더래요. 그러나 후회해도 그땐 이미 늦어 소용이 없었지요.

의사들이 온갖 노력을 기울여 치료를 했지만 그는 한창 젊은 스물여섯 살의 나이에 사랑하는 부모님과 형제를 뒤로한 채 세상을 떠나고 말았답니다.

이렇듯 10대에 잘못 들인 나쁜 습관을 어른이 되어서도 고치지 못해 힘들어하는 사람들이 많으며, 심지어 목숨까지 잃기도 합니다.

10대에 몰래 먹기 시작한 술과 몰래 피운 담배!

이러한 것은 시작하기는 쉬워도 끊기는 너무 어려워 알코올 중독자, 니코틴 중독자가 되어 평생 고생한다는 사실을 꼭 기억하기 바랍니다.

자신의 미래는 자신이 만들어야 합니다.

부모님이나 선생님은 친절한 조언자이며 길을 열어 주는 고마운 분이시죠. 그들의 말을 귓등으로 흘려듣지 말아요.

그리고 아무리 사랑이 많은 부모요, 스승이라 해도 자식과 제자들의 삶을 대신 살아 줄 수는 없습니다. 그러기에 자신의 밝은 미래를 위해서는 스스로 규칙적이고 반듯한 몸가짐을 가져야 합니다. 그래서 성공적인 인생을 사는 여러분이 되기 바랍니다.

규칙적인 생활은 반듯한 마음과 바른 자세를 갖게 한다.

성공적인 삶을 산 사람들은

규칙적인 생활로 몸과 마음을 항상 반듯하게 유지했다.

그렇게 해서 남들보다 시간을 유익하게 활용하고

미래를 준비해 자신이 목표한 것을 이룰 수 있었던 것이다.

규칙적인 생활을 하자.

10대는 푸른 꿈이 뭉게구름처럼 피어나는

아름답고 활기가 넘치는 시기이다.

이런 시기에 반듯한 마음과 몸을 간직하는 것은

'값진 보석'을 손에 쥐고 있는 것과 같다.

3장

정서와 교양이 풍부한
내가 되자

DREAM

사람은 무엇으로 사는가

사람이 살아가는 까닭은

성공적인 삶을 살기 위해서이다.

성공적인 삶이란 무엇인가.

성공적인 삶이란 큰 부자가 되는 것도 아니며

권력자가 되는 것도 아니며

학식을 드높이는 것도 아닌,

무엇이든 있는 그대로를 받아들이고

자연의 순리를 거스르지 아니하며

모든 일에 합심해서 선을 이루며

불의에 협력하지 아니하며

남이 아파할 때 그 아픔을 진심으로 이해해 주고

남이 슬퍼할 때 함께 위로해 주고

남이 기뻐할 때 활짝 웃으며 손뼉을 쳐주고

남이 나를 필요로 할 땐 다가가 손을 잡아 주고

남이 눈물을 흘릴 땐

뜨거운 가슴으로 그 눈물을 닦아 주는 것이리라.

그리고 많은 사람들은

사람은 무엇으로 사는가, 라는 물음에

늘 갇혀 지내는데

사람이 살아가는 이유는

사람으로 태어난 이름값을 하고자 함이려니

목소리도 높이지 말며

나를 내세우지도 말며

남보다 더 많이 가지려 애쓰지 말며

어떡하면 가난한 이들의 친구가 되고

소외받은 이들의 형제가 되어 줄 수 있을까,

늘 생각하며 살지어니

사람은 무엇으로 사느냐가 아니라

어떻게 살아가야 하느냐가 중요한 것이니라.

- 김옥림

한 가지라도
취미 생활은 반드시 하자

바쁠수록 마음의 여유를 갖자

'바쁠수록 돌아가라.'는 말이 있지요. 바쁘다고 급히 서두르다 보면 오히려 일을 그르칠 수 있습니다. 또한 '급히 먹는 밥에 체한다.'는 말도 있지요. 급하게 서두르는 것은 잘못될 수도 있다는 뜻입니다.

10대에 공부가 중요하다는 것은 아무리 강조해도 지나치지 않습니다. 하지만 공부의 노예가 되어서는 안 되겠지요. 공부를 잘한다고 해서 꼭 성공한다는 보장도 없고, 못한다고 해서 성공하지 못한다는 법 또한 없습니다. 공부란 사람이 살아가는 데 필요한 지식을 익히는 일입니다.

그 공부만을 위해 10대의 시간을 온전히 다 바치기엔 10대의 시기가 너무 푸르고 아름답지요. 꽃처럼 아름답고 싱싱한 10대를 좀 더 의미 있게 보낸다면 미래는 더욱 풍요로워질 것입니다. 그러기 위해서는 시간을 잘 활용하세요.

취미는 바쁜 생활의 활력소이다

미란은 요즘 학교에서나 집에서나 마냥 행복한 미소를 달고 다닙니다. 얼마 전까지만 해도 공부로 인한 스트레스 때문에 머리가 터질 지경이었지요.

공부! 학생이라면 누구나 당연히 해야 하는 공부가 미란을 너무 힘들게 했습니다. 이때 미란의 얼굴에는 늘 짜증이 덕지덕지 붙어 있었고, 조그만 일에도 쉽게 화를 내며, 아무것도 아닌 일로 심술을 부리곤 했습니다.

"언니, 언니만 공부해? 왜 그렇게 짜증을 부려? 옆사람 편치 않게……."

보다 못해 동생 경란이 한마디 하려면 금세 쥐어박기라도 할 듯 엄포를 놓았습니다.

"뭐야, 이 쪼그만 게 까불고 있어. 너 한 번만 더 언니한테 그런 식으로 말하면 그냥 안 둬!"

그런 미란을 바라보는 엄마는 속이 상했지만 한창 예민해 있는 미란의 감정을 자극시키지 않으려고 했지요.

그러던 어느 날, 잡지에서 요가에 대해 알게 된 엄마가 싫다는 미란을 데리고 요가 수련원으로 가서 상담을 받고 등록을 했습니다. 미란은 마음이 내키지 않았지만 자신을 위해 애쓰는 엄마를 생각해서 묵묵히 따랐습니다.

다음날부터 수련원에 나간 미란은 강사가 친절하게 가르쳐 주는 대로 따라 하며 몸과 마음을 다듬었지요.

일주일쯤 지나자 훨씬 몸놀림이 좋아지고, 성적 때문에 불안했던 마음도 서서히 안정을 찾기 시작했답니다.

요가를 시작한 지 보름이 지난 어느 날, 집으로 돌아온 미란은 활짝 핀 얼굴로 말했습니다.

"엄마한테 정말 고마워요."

"뜬금없이 그게 무슨 말이야?"

"엄마가 내 고민을 해결해 줬잖아요."

"요가 때문에? 요가가 그렇게 좋아?"

"응. 아주아주 좋아요. 진작에 시작했더라면 그동안 그렇게 못되게 굴지 않았을 텐데.”

“네가 그렇게 좋다니 엄마도 고맙다.”

“이잉, 엄만…….”

미란은 애교를 부리며 엄마를 와락 끌어안았답니다. 엄마는 숨이 막힌다며 손사래를 치면서도 마냥 행복한 모습이었지요.

이렇게 해서 요가는 미란의 취미 생활이 되었고, 그 덕택에 성적도 아주 좋아졌습니다.

취미 생활은 시간을 그냥 흘려보내는 놀이가 아닙니다. 시간을 잘 쓰기 위한 투자랍니다.

취미는 또 다른 진로로 이끌어 준다

종국은 중학교 2학년 때부터 피아노를 배웠지요. 친구가 학교 행사 때 피아노를 연주했는데 그 모습이 멋져 보였습니다. 그래서 자신도 취미로 배우기 시작했는데 고등학교 2학년인 지금은 대학도 피아노 학과에 들어가 더 심도 있게 피아노를 배우고 싶어졌지요. 그래서 하루에도 6, 7시간씩 맹렬히 피아노 연습을 하고 있답니다.

취미로 시작한 것이 미래의 전공 학과로 이어진 것이지요.

어디 이런 사람이 종국이뿐인가요. 성공적인 인생을 사는 사람들 중엔 이런 사람이 의외로 많습니다.

취미는 지루한 생활을 활력 있게 만들어 주는 활력소일 뿐만 아니라 새로운 길을 열어 주는 길라잡이입니다.

취미!

취미 생활을 즐기세요. 자신을 놀랍게 변화시켜 줄 것입니다.

취미 생활은 마음을 즐겁게 하고,
일상생활에 활기를 불어넣어 삶을 풍성하게 만들어 준다.
자신만의 취미 생활을 즐기자.
몸과 마음에 여유를 주는 취미 활동은 생활의 활력소가 된다.

건강을 위해
한 가지 운동은 반드시 하자

건강은 가장 큰 재산이다

건강은 행복한 생활을 하는 데 매우 중요하지요. 아무리 높은 자리에 있고, 돈이 많아도 건강하지 못하면 아무 소용이 없답니다. 어떤 귀한 물건이라 해도 돈으로 얼마든지 살 수 있지만, 생명과 건강은 결코 그 무엇으로도 살 수 없지요.

유명한 예로 중국의 진시황제는 무소불위의 권세로 인간이 누릴 수 있는 모든 것을 누렸지만, 단 하나 자신의 목숨만은 어찌할 수가 없었지요. 그가 그토록 원하던 불로초는 이 세상

어디에도 없었으니까요.

상희는 열여섯 살, 중학교 3학년이지만 평소 몸이 약해 늘 힘들어 했지요. 그러다 보니 공부하는 것도, 친구와 어울리는 것도, 모두 힘든 일이었답니다. 그 중에서도 특히 체육 시간을 가장 싫어했지요. 체육 시간만 되면 공연히 소변이 더 자주 마렵고, 머리가 어지러워서 그나마 있던 의욕마저도 사라졌답니다.

그런 상희를 바라보는 엄마 아빠는 늘 근심을 안고 살았지요. 병원도 데려가고, 보약도 숱하게 먹였지만 상희의 건강은 언제나 제자리에서 맴돌 뿐이었습니다.

"누님, 운동을 한번 시켜 보세요."

태권도장을 운영하는 상희의 외삼촌은 태권도를 시켜 보자고 말했지요. 상희도 그렇게 하기로 했답니다. 그래서 태권도의 기본기부터 차근차근 배워 나갔지요.

그러나 시간이 지나면서 상희는 무척 힘들어했답니다. 급기야는 코피를 쏟는 일까지 생겨 태권도를 그만두었습니다.

"참, 저 정도일 줄이야……. 걱정되네요. 여느 애들은 처음 얼마간은 힘들어하다가도 어느 정도 시간이 지나면 다 해내는데 상희는 다르네요."

외삼촌은 걱정이 가득한 얼굴로 말했지요.

"그러게 말이다. 어쩌면 좋니?"

엄마는 입술을 지그시 깨물며 탄식하듯 말했습니다.

"저, 누님. 아침에 조깅을 시켜 보는 게 어떻겠어요?"

"조깅? 그것도 전에 쟤 아빠랑 해 봤어. 그런데 얼마 못 가 그만뒀지. 그것도 못 해내더라고."

"그래요? 조깅은 알맞게만 하면 괜찮은 운동인데……."

"도대체 어떻게 해야 좋을지 걱정이다."

상희 엄마는 짙은 한숨을 내쉬었답니다.

자신에게 잘 맞는 운동을 선택하자

사람마다 입에 잘 맞는 음식이 따로 있듯 운동도 자신의 체질에 따라 잘 맞는 운동이 있지요. 반대로 다른 사람에겐 잘 맞는 운동도 자신이 해 보면 맞지 않는 경우가 있습니다. 따라서 운동은 자신의 체력과 성격에 맞는 것을 선택해야 합니다. 어떤 운동의 겉모습만 보고 시작했다가 얼마 가지 않아 포기하는 일이 생기기도 합니다.

상희는 조깅도 해보고, 태권도도 해보고, 헬스도 해보았지만 모두 중도에 포기하고 말았습니다. 그런 상희가 한 날에는 학교에서 돌아오더니 전단지 한 장을 내밀며 말했습니다.

"엄마, 저 스포츠댄스 배우고 싶어요."

"스포츠댄스? 그거 보기보다 아주 격렬한 운동이라던데."

"그래도 저 잘할 자신 있어요."

상희는 자신감 넘치는 표정으로 말했답니다. 지금까지 자신의 입으로 무엇을 배우겠다고 한 적이 한 번도 없던 아이라 엄마는 반가워서 다짐받듯 말했지요.

"너, 정말 잘할 수 있겠어?"

"네, 엄마. 이번에는 포기하지 않고 잘 할게요."

"그래, 알았어. 아빠하고 의논해 볼게."

엄마에게 말을 전해들은 아빠도 흔쾌히 찬성을 하였지요. 상희가 스스로 선택한 것을 존중해 주고 싶었던 거예요.

며칠 후, 스포츠댄스 교실에 등록을 한 상희는 학교가 파하면 곧장 그리로 달려갔답니다. 흥겨운 음악에 맞춰 춤을 추다 보면 스트레스도 사라지고 몸도 훨씬 가벼워지는 느낌이 들어 그렇게 좋을 수가 없었대요.

엄마 아빠는 지극한 마음으로 상희를 지켜보면

서 정말 잘 해내기를 간절히 빌었지요. 그런데 이런 엄마 아빠의 마음을 읽기라도 한 듯 상희는 믿기지 않을 정도로 잘 해냈답니다. 처음 얼마간은 힘들어했지만 시간이 지나자 그런 일도 없어지고 몰라보게 달라지기 시작했지요.

한 달, 두 달, 석 달……

상희는 더 이상 골골하던 예전의 상희가 아니었어요. 얼굴색도 훨씬 좋아져 활력이 넘치고, 탄력 있는 몸이 되었지요. 그리고 병치레도 없어지고 웬만한 날씨에도 달고 살았던 감기까지 깨끗이 떼어 냈답니다.

어떤 일에 몰두하면 새로운 꿈을 발견하게 된다

그러자 상희는 한 가지 꿈을 품기 시작했답니다. 바로 스포츠댄스 국가 대표 선수가 되는 것이었지요. 상희는 스포츠댄스를 배운 지 6개월 만에 강사의 권유로 스포츠댄스 경연 대회에 나가 뜻밖에도 은상을 수상하였답니다. 그녀는 스포츠댄스에 천부적인 재능을 가지고 있었던 겁니다.

"상희는 스포츠댄스에 재능이 있어서 훌륭한 선수가 될 수 있을 거야. 열심히 해 봐."

강사의 말은 상희의 가슴에 큰 꿈을 심어 주었답니다.

이렇듯 어떤 일에 몰두하다 보면 생각지 못했던 꿈을 발견할 수도 있지요. 우리 주변엔 취미로 했던 것이 인연이 되어 훌륭한 축구 선수가 된 사람도 있고, 프로 골퍼가 된 사람도 있고, 야구 선수가 된 사람도 있고, 태권도 사범이 된 사람도 있답니다.

상희는 스스로 선택한 스포츠댄스로 인해 건강한 몸을 얻었고, 예전에는 생각지도 못했던 희망을 발견한 거예요.

상희는 오늘도 공부를 마치자마자 스포츠댄스 교실을 향해 달려갑니다. 그런 그녀에게 신나고 즐거운 미래가 손을 흔들어 주었답니다.

건강은 가장 중요한 재산이다.

아무리 돈이 많고 빛나는 명예를 지녔다 해도

건강을 잃고 나면 다 소용없는 일이다.

몸이 건강해야 의욕도 생기고, 꿈도 생기고, 희망도 생긴다.

또 몸이 건강해야 건전한 정신을 가질 수 있다.

건강해지기 위해서는 꾸준히 운동을 해야 한다.

무턱대고 아무 운동이나 하는 것이 아니라

자신의 체력과 성격에 맞는 운동을 선택해야

즐거운 마음으로 할 수 있다.

건강!

건강은 삶을 활기 차고 풍성하게 하는 '희망의 선물'이다.

신문과 뉴스로
상식과 지식을 쌓자

새로운 정보를 주는 가장 확실한 매체

얼마 전 새로운 정보를 얻는 매체에 대해 설문조사를 한 적이 있었지요. 그 결과, 신문을 통해 정보를 얻는다는 답변이 무려 70%나 되었고, 그 다음이 텔레비전, 인터넷, 잡지 순서였답니다. 신문이나 텔레비전이 사람들에게 미치는 영향은 매우 크지요.

어쩌다 신문을 하루라도 안 보면 마음이 답답하고, 사회와 단절된 느낌을 받을 때가 있답니다. 이런 걸 보면 신문과 뉴스

방송은 꼭 봐야 한다는 것을 느끼게 됩니다.

그런데 요즘 신문과 뉴스 방송을 보는 10대는 과연 얼마나 될까요?

10대들이 신문을 읽고 뉴스를 보는 것이 매우 진기한 일처럼 여겨지는 현실이 잘못된 것입니다. 학생이기에 오로지 공부에만 집중하다 보니 다른 일을 시도하기에는 어려운 것이 지금의 실정이지요.

하지만 그럴수록 자신을 위해서 신문을 읽고 뉴스를 꼭 봐야 합니다. 신문과 뉴스는 새로운 정보를 제공해 주는 가장 확실한 매체이고, 새로운 정보는 곧바로 지식으로 연결되기 때문입니다.

시간을 조금만 투자하면 풍부한 상식을 갖출 수 있다

태규는 요즘 신문 읽는 재미에 푹 빠져 있답니다. 그 역시 시간이 없다는 이유로 신문은 물론 뉴스도 보지 않으려 했지요.

그런 그가 신문을 읽게 된 것은 아버지의 적극적인 권유 덕분이었어요.

"태규야, 공부도 좋지만 시간을 내서 신문과 뉴스를 꼭 보도록 해라."

"아빠, 신문 볼 시간 없어요. 그리고 다른 애들도 신문 안 봐요."

"그러니까 보라는 거야. 다른 애들이 안 본다고 해서 생각 없이 그냥 따라가는 것은 잘못이다. 그리고 안 보는 그 애들이 잘못이야. 지식이란 학문에도 있지만 신문과 뉴스에도 있는 거야. 이 점을 꼭 깨닫기 바란다."

아버지가 적극적으로 권유했지만 처음엔 태규도 주저주저했답니다. 하지만 앞으로 있을 논술 시험을 생각해서 틈틈이 신문을 읽기 시작했지요. 그러다가 적극적으로 신문을 읽게 된 계기가 있었답니다.

어느 날, 국어 수업 중에 선생님이 '블루오션Blue Ocean'에 대해 말해 보라고 했을 때 아무도 대답을 못 했지요. 그때 태규는 얼마 전 신문에서 읽은 기억을 떠올려 자신 있게 설명했답니다.

"블루오션이란 기존 시장에서 경쟁해 이기기보다는 경쟁이 없는 새 시장을 창출하는 신경영론을 말합니다."

"오! 그래, 맞는 말이다. 태규는 그걸 어떻게 알았지?"

"신문을 보고 알았습니다."

"그랬구나. 신문은 좋은 정보 매체지. 자, 여러분도 태규처럼 신문을 읽었으면 한다."

　그날 태규는 선생님의 칭찬에 가슴이 뿌듯해지는 경험을 하였지요. 그리고 아버지가 왜 신문을 읽으라고 했는지 그 진심을 알게 되었지요. 그 후부터 태규는 시간을 내어 열심히 신문을 읽는답니다. 그래서 신문을 통해 낯설고 새로운 용어들을 알게 되고, 상식 또한 풍부해졌습니다.

많이 아는 사람이 행복한 사람이다

　'10년이면 강산도 변한다.'는 말이 있지요. 그러나 이 말은 이미 현대사회에서는 맞지 않는 말로 전락했습니다. 지금은 하루가 멀다 하고 세상이 빠르게 바뀌고 있지요. 그러다 보니 불과 얼마 전의 지식과 정보가 금세 낡은 것으로 가치가 떨어지고, 매일매일 새로운 정보와 이론이 쏟아져 나오고 있습니다.

　IT의 총아라고 불리는 컴퓨터, 그리고 휴대폰 같은 전자 제품은 매일 새로운 모델이 가게의 진열장을 채우지요. 모든 것이 순식간에 변해 버리는 초스피드 시대에 우리는 살고 있습니다. 이런 현대사회에서 가장 신속하게 새로운 정보를 제공해 주는 것은 신문과 뉴스 같은 매스 미디어랍니다.

　진정으로 행복한 사람은 돈이 많은 사람이 아닙니다. 그리고 남보다 높은 자리에 있는 사람도 아니지요. 오로지 많은 것을 알고 있는 사람이랍니다.

돈은 있다가도 없을 수 있고, 지금은 화려한 자리에 있지만 어느 날 그 자리에서 떠나게 될 수도 있습니다. 그러나 아무리 세상이 바뀌고 변한다 해도 변하지 않는 것은 그 사람이 가지고 있는 지식이랍니다. 지식이 많은 사람이 행복한 사람이지요.

태규는 꾸준히 신문을 읽고 뉴스를 보면서 많은 상식을 쌓았지요. 그리고 마음이 뿌듯해지는 것을 느꼈답니다.

무언가를 아는 것, 그것이야말로 즐거운 일입니다.

"야, 우리 태규! 이젠 신문 읽는 폼이 아주 의젓한데!"

어느 날, 퇴근하고 온 아버지가 환하게 웃으며 말했답니다.

"아, 아빠 오셨어요."

"그래. 너 신문 보는 모습이 멋져 보이는구나."

아버지의 칭찬에 태규는 함박웃음을 지었습니다.

시간이 없어서 신문과 뉴스를 보지 못한다는 것은 핑계에 불과하지요. 해보겠다는 굳은 마음만 있다면 얼마든지 읽고,

볼 수 있습니다. 자신의 미래를 위해 많은 지식과 정보를 차근 차근 쌓아 두세요. 반드시 미래에 큰 힘이 되어 줄 거예요.

새로운 것을 알아 가는 기쁨은 경험해 본 사람만이 압니다.

'아는 것이 힘'이라는 말처럼 꾸준히 배우고 익혀서 힘 있는 사람이 되길 바랍니다.

'아는 것이 힘' 이라는 말이 있다.

안다는 것은 그 만큼 중요하다는 뜻이다.

학교에서 하는 공부는 극히 제한되어 있다.

때문에 그 외의 공부는 학교 밖에서 따로 해야 한다.

그 대표적인 것이 책이고, 신문이고, 뉴스다.

빠르게 변화하는 현대사회에서 이것만큼

지식과 정보를 풍부하게 제공해 주는 것도 없다.

학과 공부 때문에 이토록 소중한 정보와 상식을

습득하지 못한다면 자신에게 큰 손실이다.

신문과 뉴스를 보라. 그리고 책을 읽어라!

많이 아는 사람이 행복해질 수 있다.

일주일에
책 한 권씩 읽기

책은 인생의 가장 훌륭한 스승이다

인류의 역사 이래 책은 인간이 만든 것 중 가장 위대한 발명품이지요. 이 세상에 큰 재앙이 닥쳐서 모든 것을 휩쓸어 갈 때 반드시 지켜 내야 할 것이 있다면 당연히 책을 꼽아야 할 것입니다. 그만큼 책은 소중하고 값진 것이지요.

책 속엔 영원불멸의 진리가 강물처럼 흐르고, 무더운 날 푸른 나무숲처럼 사람의 영혼을 맑게 씻어 준답니다. 동서양의 많은 현인과 학자들은 책을 제일의 스승으로 하여 학문을 익

혔고, 그것을 바탕으로 새로운 책을 썼지요. 책은 온갖 지식과 지혜가 다 들어 있는 보물 창고랍니다.

책이 인생의 가장 훌륭한 스승이라고 하는 것은 바로 이런 이유에서이지요.

책은 일정하게 꾸준히 읽어야 한다

가장 좋은 책 읽기 방법은 매일 꾸준히 읽는 것입니다. 그리고 자기가 읽기 좋은 시간에 일정한 양을 읽어야 효과적이지요.

한꺼번에 많은 양을 읽기보다는 자신이 소화해 낼 수 있는 양을 매일 꾸준하게 읽는 것이 좋지요.

비록 양은 적더라도 꾸준히 내리는 보슬비는 빗물이 땅속 깊이 스며들지만, 소낙비는 소리만 요란스러울 뿐 땅의 겉만 적시지요.

책 읽기도 이런 보슬비 법칙을 따르는 것이 바람직합니다.

꾸준한 책 읽기의 중요성에 대해 서머셋 몸은 "좋은 독서 습관은 인생의 모든 불행으로부터 보호받는 피난처와 같다."고 말했지요.

편독은 금물이다

편식이 영양의 불균형을 가져와 몸에 해롭듯이 편독은 정신 건강에 유익하지 못합니다. 한쪽으로 치우치는 책 읽기는 다양한 지식을 쌓는 데 장애가 되지요. 음식을 골고루 먹어야 하듯 책도 골고루 읽어야 한답니다. 역사책이 좋다고 역사책만 읽는다거나 소설이 재미있다고 소설책만 읽으면 안 되지요. 살아가는 데 도움이 되는 모든 책을 다양하게 읽어야 합니다.

시집은 정서를 풍부하게 해 주고, 소설은 생각을 깊게 해 주고, 역사책은 역사에 대해, 인문학 책은 인문학에 대해, 미술책은 미술에 대해 각 분야별로 지식과 정보를 제공해 주지요. 이처럼 다양한 독서를 해야 모든 분야에 식견이 넓어지고, 많은 것을 알게 되어 자신의 가치를 높일 수 있답니다. 물론 자기 직업과 관련된 전문적인 책은 다른 책보다 더 많이 읽어야 하겠지요.

책을 읽지 않는 사람은 경계해야 한다

디즈레일리는 "단 한 권의 책밖에 읽지 않은 사람을 경계하라."고 했지요. 이 말은 매우 의미심장한 말입니다. '단 한 권의 책밖에 읽지 않은 사람'이란 책을 안 읽는 사람을 말하는 것입니다.

우리 주변에는 책을 읽지 않는 사람이 의외로 많습니다.

우리나라의 성인들은 노래방은 자주 가지만 서점에는 별로 가지 않습니다. 아이들의 교육에 필요한 책을 사러 어쩌다 서점에 가지 자신이 읽을 책을 사러 서점을 찾는 경우는 아주 드뭅니다. 그러다 보니 우리나라 사람들의 독서량은 선진국에 비해 매우 낮지요.

'독서량은 그 나라의 국력'이라는 말이 있듯, 실제로 독서를 많이 하는 나라는 잘살고, 독서량이 적은 나라는 그렇지 못합니다. 또 독서는 삶의 가치를 높여주는 데 매우 중요한 역할을 합니다.

바람직한 10대들의 독서량

다다익선多多益善, 많으면 많을수록 좋다는 말이지요. 책 역시 많이 읽을수록 좋답니다.

그러나 우리나라의 10대들, 즉 중고생들은 책 읽기에 어려운 형편에 있는 것이 사실입니다. 상급 학교의 입시를 위한 학습에 시간을 쏟아부어야 하기 때문입니다. 정작 중요한 것을 멀리하고 있는 우리의 교육 현실이 안타깝기만 합니다. 그러나 지혜로운 사람은 악조건에서도 자신이 해야 할 일은 반드시 해 나가지요.

10대들이라면 일주일에 최소한 한 권의 책은 읽어야 합니다. 그래봐야 한 달이면 4권, 1년에 54권밖에 되지 않습니다. 이러한데도 아예 책 읽기와는 담을 쌓고 지내는 우리 10대들의 현실이 너무 안타까워 마음이 아픕니다.

모든 지혜는 책에서 나옵니다. 그리고 그 지혜는 또다시 새로운 책을 만들지요. 책은 우리 인류가 만든 것 중 가장 빛나는 유산입니다.

인간은 책을 만들고, 책은 인간을 만든다.
책은 인류의 역사가 시작된 이래 가장 훌륭한 발명품이다.
인간은 책이라는 '보물 창고'에서
지혜와 지식을 꺼내 삶을 풍요롭게 가꾼다.
그런데 많은 이들이 바쁘다는 핑계로 책 읽기를 포기한다.
과연 책을 읽을 수 없을 만큼 그렇게 바쁠까?
현명한 사람은 아무리 바빠도 책 읽기를 소홀히 하지 않는다.
가장 훌륭한 스승인 책!
우리는 그런 스승을 곁에 두고도 그 사실을 까맣게 모르고 산다.
책을 읽자!
책은 최고의 가치를 지닌 '인류 최대의 보물'이다.

친구들과 팀을 이뤄
토론을 하자

토론은 발표력과 자신감을 길러 준다

우리는 서양인들에 비해 토론에 익숙하지 못하지요. 그러다 보니 자신의 생각을 전달하는 데 난처해하는 경우를 종종 봅니다.

모든 일은 반복적인 학습이 필요하듯이 토론 또한 반복적인 연습을 통해 익숙해지지요. 글도 꾸준히 쓰면 잘 쓸 수 있는 것처럼 말도 하면 할수록 잘할 수 있게 됩니다. 여기서 말을 잘한다는 것은 사적인 얘기가 아니라 대중 앞이나 격식을 갖춘 자리에서 하는 연설을 의미합니다.

어떤 사람은 몇몇 사람들이나 친구 앞에서는 얘기를 재미있게 잘하지만, 많은 사람이나 격식을 갖춰야 하는 자리에서는 우물쭈물하지요. 이는 토론에 익숙하지 않기 때문이랍니다.

토론을 잘하는 사람은 발표력도 좋고, 매사에 자신감이 있습니다. 그래서 그런 사람을 보면 부럽고 닮고 싶은 마음이 듭니다.

토론도 꾸준한 연습이 필요하다

무슨 일이든 잘하기 위해서는 노력이 필요하지요. 마찬가지로 능숙한 토론 실력도 반복적인 연습으로 길러진답니다.

집으로 돌아온 민수는 어깨가 축 처져서 기운이 하나도 없어 보였습니다. 학교에서 돌아오면 명랑하게 인사하던 평소와는 너무도 다른 모습에 내심 걱정이 된 엄마가 물었지요.

"민수, 오늘 학교에서 무슨 일 있었니?"

"……."

"왜, 무슨 일인지 엄마한테 말해 봐!"

"오늘 학교에서 망신당했어요."

"그래? 무슨 일로?"

"팀을 짜서 토론을 했는데 나 때문에 우리 팀이 꼴찌를 했어요."

"저런! 어떤 토론이었는데?"

엄마의 물음에 민수는 발개진 얼굴로 말했습니다.

현대사회에서 여자와 남자의 역할에 대해 자유롭게 자신의 의사를 밝히는 토론이었는데 민수는 제대로 말하지 못했다는 것이었습니다. 그리고 덧붙여서 다른 친구들은 구술이다, 논술이다 해서 따로이 배우는데 자기도 배우게 해 달라고 요구했지요.

다음날, 민수 엄마는 여기저기 알아본 끝에 청소년문화센터에서 하는 토론 강좌에 등록을 했고, 민수는 일주일에 한 번씩 토론 수업에 참석하여 열심히 공부하였답니다. 선생님이 정해 준 책을 읽고, 팀 친구들 앞에서 주제에 대해 발표하고, 그 내용을 꼬박꼬박 기록하였지요.

그러기를 6개월! 그 사이 민수는 몰라보게 달라졌습니다. 누구보다 열심히 공부한 결과였지요. 그리고 자기 의견 발표 대회에서 당당하게 2등으로 입상까지 하였답니다. 민수는 토론도 연습하면 잘할 수 있다는 소중한 경험을 하고는 다른 일에도 아주 적극적으로 참여하였습니다.

토론을 잘하려면 정보와 지식을 쌓아야 한다

토론을 잘하려면 아는 게 많아야 하지요.

말을 잘하는 것과 많이 아는 것은 다르답니다. 말이 아주 유창하다고 해도 아는 것이 없으면 어떤 주제에 대해 효과적으로 말할 수 없지요. 즉 토론하고자 하는 것에 대한 지식과 정보가 있어야 합니다. 지식과 정보 없이 하는 말은 설득력이 그만큼 떨어지지요.

풍부한 지식과 정보를 갖추기 위해서는 꾸준히 책 읽기를 하고, 신문과 뉴스의 새로운 소식에 눈과 귀를 열어 두어야 합니다.

'아는 것이 힘이다.'라는 말이 있듯이 안다는 것은 그만큼 가치가 있고, 유용한 것입니다. 이 세상에 하찮게 보이는 어떤 것도 그냥 이루어지는 것은 하나도 없듯, 작은 일에도 다 뜻과 섭리가 담겨 있답니다. 그러기 때문에 자신이 알고자 하는 일은 절대로 소홀히 해서는 안 됩니다.

현대사회는 지식과 정보의 시대입니다.

모든 것이 숨 가쁘게 돌아가고 많은 정보들이 넘쳐 납니다.

영상 매체와 출판 미디어, IT와 인터넷 등 우리 주변을 둘러보면 정보와 지식을 얻을 곳이 무척 많습니다. 이 많은 정보들을 잘 선별해서 나의 지식으로 만들어야 합니다.

많이 아는 사람만이 남을 능가할 수 있습니다. 그러나 아무리 많은 것을 안다고 할지라도 그것을 효과적으로 전달하지 못하면 그것처럼 안타까운 일도 없지요. 자신의 능력을 극대화시켜 남에게 알리려면 자신감이 있어야 합니다. 당당한 자세, 능동적인 토론, 자신감 있는 표정, 이러한 것이 모두 갖추어져야 최고의 능력자가 될 수 있습니다.

우리가 알고 있는 유명인 가운데서도
남 앞에서 자신의 의사를
제대로 밝히지 못해 쩔쩔매는 사람들이 있다.
에이브러햄 링컨, 윈스턴 처칠 같은 이들은
최고의 연설자로 알려져 있다.
그러나 이들도 어린 시절에는 숫기가 없어
자신의 의견을 제대로 전달하지 못했다.
어른이 되면서 꾸준히 발표력을 갈고 닦은 끝에
명연설자가 된 것이다.
토론을 잘하고 싶다면 꾸준히 노력해야 한다.
노력은 그 어떤 불가능한 일도 가능하게 만드는
제일의 원동력이다.

친구들과
시를 교환해서 읽자

시는 순수 서정 세계 언어의 꽃이다

시는 인간의 가장 순수한 심성에서 건져 올린, 그리고 가장 아름다운 글로 쓰여진 '언어의 꽃'이랍니다. 그래서 서정성이 물씬 풍겨 나는 시를 읽으면 가슴 저 밑바닥으로부터 감동의 물결이 파르르 전해져 오지요.

감성이 메마르면 순수가 사라지고, 사랑하는 마음이 떠나갑니다. 그래서 몸과 마음이 가장 활발하게 자라는 시기인 10대에 서정성이 뛰어난 시를 많이 읽어야 합니다. 공부로 피곤해진 마음과 삭막해진 감정을 시를 통해 말끔히 씻어 내야 합니다. 그래야 맑은 심성과 풍부한 정서가 길러져 원만한 인격이 형성됩니다.

비단 시뿐만 아니라 소설이나 수필 등 문학 작품을 많이 읽었으면 해요. 공부할 시간도 없는데 그럴 시간이 어디 있느냐고 할지 모르겠지만 그것은 잘못된 생각입니다.

똑같은 시간인데도 공부하고, 책 읽고, 시 읽는 10대들이 있지요. 이들에게 특별히 시간이 더 주어지는 것은 아니지 않습니까? 그만큼 시간을 알차게 쓰면 됩니다.

친구들과 시를 교환해서 읽어 보자

은결이는 일주일에 한 번씩 '시사모'의 회원들과 시를 교환해서 읽습니다. '시사모'란 '시를 사랑하는 모임'의 줄임말이지요.

은결이는 친구 혜미의 권유가 없었다면 시사모라는 것이 있는지도 몰랐을 겁니다. 은결이 역시 공부만이 자신이 할 일이라고 생각했었지요. 그러나 혜미의 권유로 시사모의 행사에 참석했다가 그곳에서 큰 감동을 받았습니다.

행사에 참여한 이들은 모두 자신과 같은 학생들이었습니다.

그런데 시를 낭송하는 그들의 태도는 너무나 진지하고 열정으로 가득 차 있어 감동을 주었습니다. 그들 역시 대학 입시라는 관문을 앞두고 있는 10대들이었지만, 그들의 표정에서는 시를 사랑하는 마음에서 우러나는 행복이 넘쳐 났습니다.

이런 곳도 있고, 저런 친구들도 있다고 생각하니 지금껏 공부만이 전부라고 여겨 온 자신이 조금은 한심스럽게 생각되더랍니다. 그래서 그날로 회원으로 가입했답니다.

그 후, 시사모에서 10대들을 위한 시낭송회를 할 때 은결이는 사회를 맡아 자신의 끼를 유감없이 발휘해 많은 박수를 받았지요. 그리고 자신도 직접 시를 낭송했지요. 은결이는 자신에게 그런 멋진 재능이 있으리라고는 상상조차 못 했답니다.

은결이가 낭송한 시는 '별을 바라보는 마음으로'라는 시였습니다.

별을 바라보는 마음으로

별을 바라보는 마음으로
그대를 바라보면
그대 또한 해맑은 별이 됩니다.

별을 꿈꾸는 마음으로
그대를 그려 보면
그대 또한 눈부신 별이 됩니다.

별을 사랑하는 마음으로
그대를 헤아려 보면
그대 또한 별을 사랑하는 마음으로
나를 사랑합니다.
사랑은 영원히 타오르는 불꽃
사랑은 그 언제까지나
시들지 않는 영혼의 향기

별을 헤아리는 마음으로
그대를 바라보면
그대 또한 별을 헤아리는 그 사랑으로
나를 사랑합니다.

은결이는 시사모 모임에 참여하면서 정서적으로 풍성해짐
을 느낄 수 있었고, 공부로 받는 압박감도 조금은 벗어날 수 있었답니다. 그리되니 성적이 오히려 더 좋아져 엄마 아버지도 좋아하였지요.

　시를 읽고 책을 읽는 것 때문에 공부에 지장을 받는다는 것은 단지 핑계에 불과합니다.

좋은 시는 정서를 풍부하게 만든다

　"혜미야, 고마워."

　"뭐가?"

　"네 덕분에 좋은 시와 친구들을 만날 수 있었어. 나는 시가 이렇게 좋은 것인 줄 몰랐는데 네가 그것을 알게 해 줬어. 메말랐던 내 가슴이 얼마나 따뜻해졌는지 몰라."

　"그렇게 생각해 주니 오히려 내가 고맙다. 그건 그렇고, 너한테 그런 끼가 있는지 미처 몰랐어. 그 끼를 잘 살리면 좋은 시 낭송가가 될 거야. 그리고 시도 잘 쓰더라. 열심히 읽고 써봐. 좋은 시인이 될 자질이 있어."

　"그래? 정말 열심히 하면 내가 시인이 될 수 있을까?"

　"그럼. 열심히 하면 충분히 될 수 있겠더라."

　"말만 들어도 고맙다."

　은결이는 혜미의 말에 기분이 한껏 좋아졌답니다. 그리고 혜미와 헤어져 집으로 오면서 생각했지요. 좋은 시를 많이 읽고, 정서를 풍부하게 길러 좋은 시를 써 보겠다고.

은결이의 가슴속에서는 맑은 꿈이 모락모락 피어났답니다.

시는 사람의 정서를 풍부하게,

그리고 부드럽게 만들어 준다.

마치 단비가 메마른 땅을 촉촉하게 적셔 주듯이.

그래서 시를 인간의 가장 순수한 마음에서 건져 올린

'언어의 꽃' 이라고 하지 않는가!

10대는 몸과 마음이 그 어느 때보다 활발하게 자라는 시기다.

때문에 더더욱 정서가 풍부한 시를 많이 읽어야 한다.

풍부한 정서는 삶을 따뜻하게 만들어 주고,

타인을 배려하는 마음을 길러 준다.

시를 많이 읽자!

서정성 높은 시는 영혼을 맑게 하는 '인생의 비타민' 이다.

일주일에 한 편씩
글을 쓰자

글쓰기에 특별한 왕도란 없다

사람들은 글 쓰는 일을 어려워합니다. 생각이 머릿속에서는 떠오르는데 막상 글로 옮기려고 하면 잘 안 된다고 투덜거리지요. 이런 현상은 지극히 당연합니다. 평소 글을 써 보지 않았기 때문이지요.

"선생님, 어떻게 하면 글을 잘 쓸 수 있나요?"

작가인 내가 사람들로부터 가장 많이 듣는 말입니다.

"많이 읽고, 많이 생각하고, 많이 써 보세요."

내가 그들에게 하는 말은 매번 똑같답니다.

사람들은 단시간에 글을 잘 쓸 수 있는 비법을 알고 싶어 하지요. 미안하지만 그런 비법은 없답니다.

영어나 수학은 단어와 공식을 외워 문법에 적용시키거나 응용하면 됩니다. 그러나 글쓰기는 공식을 외운다고 되는 것도 아니고, 그렇다고 해서 무슨 특별한 해법이 있는 것은 더욱 아니지요.

글쓰기는 머릿속의 생각을 문자로 옮기는 작업입니다.

글 쓰는 일은 자신이 쓰고자 하는 주제에 대해 깊이 사색하고, 체계적인 논리를 세우지 않으면 잘 쓸 수 없습니다. 자기 생각은 오직 자신만이 할 수 있는 것이지 누가 대신 해 줄 수 있는 것이 아니거든요.

글을 잘 쓸 수 있는 특별한 비법은 없지만, 분명 글을 잘 쓸 수는 있답니다. 많이 읽고, 많이 생각하고, 많이 써 보면 반드시 그렇게 됩니다.

글을 잘 쓰려면 많이 읽어야 한다

좋은 책을 많이 읽지 않으면 글을 잘 쓸 수 없습니다.

책을 읽어야 무엇에 대해 생각하고, 느끼게 되지요. 생각하고 느끼는 일은 글을 쓰는 데 있어 매우 중요하답니다. 그것은 마치 골프 선수가 퍼팅 연습을 하는 것과 같지요. 퍼팅이 잘 안 되면 홀과의 거리를 정확히 조절할 수 없고, 보기를 면할 수 없듯이, 책을 읽지 않으면 생각할 수 없고, 논리 있게 말할 수 없습니다.

책을 많이 읽으면 무엇을 얻게 되는지, 좋은 점이 무엇인지 생각해 본 적이 있을 겁니다.

책 속엔 그 책을 쓴 저자의 생각과 느낌이 녹아 흐르고 있답니다. 작가가 좋은 글을 쓰기 위해서는 많은 책을 읽고, 사색하고, 자료를 찾고, 때도 없이 뛰어다니기도 한답니다. 이렇게 해서 쓰여진 책은 '생각의 보물 창고'라고 할 수 있지요.

이처럼 소중한 생각을 배우고 느낄 수 있는 것이 책 읽기인데, 이를 무시한다면 좋은 글을 쓸 수 없는 것은 당연합니다.

글을 잘 쓰려면 많이 생각해야 한다

사람은 생각하는 동물이라서 어떤 사물을 보면 느끼게 되고, 생각하게 되지요.

　꽃을 바라보았을 때 그 꽃을 통해 연인에 대한 사랑을 느낄 수도 있고, 겸손한 마음을 갖거나 잘못을 반성할 수도 있겠지요. 여기 두 편의 시를 통해 생각과 느낌의 중요성에 대해 살펴보기로 해요.

　넌지시 바라본
　연보랏빛 나팔꽃 사이로
　떠오르는

　눈망울이 선하던
　그리운 얼굴
　오래 두고 바라보아도
　늘 처음인 듯
　처음 느낀 내 사랑처럼
　신선하고 다정한 꽃

　그 꽃을 바라보노라면
　어디선가 이내

달려올 것만 같은
그대 그리워

오늘도 오가며
두고두고
가슴에 새긴 꽃.

이 시는 나의 〈나팔꽃〉이란 시의 전문입니다.

나는 어느 날, 무심코 나팔꽃을 바라보다가 지난 시절 내 그리워했던 사람을 문득 생각하게 되었고, 그 느낌은 강한 시적 에너지를 분출시켰지요. 그래서 그때를 생각하며 쓴 시랍니다. 여기서 나팔꽃은 단순한 나팔꽃이 아니라 사랑하는 사람으로 이미지화되었지요. 다음 시도 감상해 봅시다.

풀꽃을 보며

그 어린 풀꽃을 보며
착한 마음이고 싶다

작은 바람에도
제 몸을 흔들며
순응하는 저 풀꽃

풀꽃을 보면
한 뼘쯤은
마음을 낮추고 싶다

오만했던 마음이나
나와 함께 했던 이들에게
나도 모르게 입힌 상처를
깨끗이 속죄하고 싶다

풀꽃을 보면
낮아지는 마음을 배우고
용서하지 못해
괴로웠던 마음까지도
말끔히 씻어 내고 싶다

그리하여 풀꽃을 보면
나도 이름 모를
한 송이 풀꽃이고 싶다.

이 시는 풀꽃이 바람에 순응하는 모습을 보고 뻣뻣하고 부드럽지 못한 자신의 태도를 반성함으로써 겸손한 마음을 가지게 되지요. 그리고 자신도 모르게 남에게 상처를 준 것에 대해 생각하고, 반성하는 마음이 들게 합니다.

같은 꽃을 소재로 해도 그 느낌과 생각에 따라 전달하고자 하는 주제는 다르게 나타난답니다. 이런 현상은 꽃을 바라보는 느낌과 생각이 마음에 어떻게 투영되었느냐에 따라 나타난 결과이지요.

글을 쓰기 위해서는 생각이 매우 중요합니다.

고층 빌딩을 지을 때 설계를 하고, 터를 닦고, 골조를 세우는 것처럼 한 편의 글을 완성하는 것도 같은 이치입니다. 그래서 좋은 생각과 좋은 느낌 없이는 좋은 글을 쓸 수 없는 것이랍니다.

글을 잘 쓰려면 꾸준히 연습 글을 써야 한다

글을 잘 쓰는 마지막 단계는 자신이 읽고, 생각하고, 느낀 것을 써 보는 것이지요. 책을 읽거나 무엇을 보고 느꼈을 땐 그 느낌과 생각을 반드시 글로 쓰는 연습이 필요합니다. 어쩌다 쓰는 것이 아니라 시든 수필이든 적어도 일주일에 한 편씩은 써 보아야 한답니다.

시나 소설 같은 문학적인 글은 재능이 있어야 하지만, 논술이나 생활문 같은 일반적인 글은 재능이 없어도 자꾸 쓰다 보면 실력이 늘게 되지요. 사람의 능력은 꾸준히 반복하며 노력하는 중에 그 빛을 발하게 됩니다. 마찬가지로 글 역시 꾸준히 쓰는 가운데 잘 쓰게 된다는 사실을 잊지 말고 글 쓰는 일에 게으르지 않아야 합니다.

글쓰기는 머지않아 가정에서나 학교에서나 직장에서나 사회에서나 우리 삶의 일상적인 일이 될 것입니다. 고려시대와 조선시대에는 창의적이고 논리적으로 자신의 생각을 전달하는 글쓰기로 국가의 관리를 채용한 것처럼, 이제 다시 글쓰기로 그 사람의 능력을 평가받는 시대가 반드시 올 거예요.

현재 입시 위주의 교육에서 읽고, 생각하고, 쓰는 일은 소모적인 일처럼 보일지 모르지만 앞으로 다가올 미래를 위해서는 읽고, 생각하고, 쓰는 일을 열심히 해야 합니다. 물론 지금도 논술이라는 시험 과목이 있긴 하지만……

글쓰기는 매우 중요하다.

특히 인터넷이 발달한 정보화 시대에서는 더욱 그렇다.

글이란 자신의 생각을 문자라는 수단을 통해 표현하는 것이다.

짜임새 있고 논리적인 글은

자신의 생각을 효과적으로 전달할 수 있게 해 준다.

글은 그 사람과 같다는 말이 있다.

글에는 그 사람의 인격, 학식, 품성들이 나타난다.

그래서 글을 함부로 쓰거나 대충 써서는 안 된다.

같은 생각이라도 표현을 잘 하고,

정제된 언어로 글을 쓰는 자세를 길러야 한다.

지금이 바로 그런 시대임을 알고 글 쓰는 일을 생활화해야 한다.

인터넷은
필요한 만큼만 하자

인터넷은 정보화의 총아이다

현대사회에서 인터넷은 아주 중요하지요. 컴퓨터와 통신망만 있으면 언제 어디서든 자유롭고 신속하게 자신이 필요로 하는 정보를 얻을 수 있습니다.

즉, 일상생활, 스포츠, 날씨, 문학, 음악, 의료, 영화, 박물관, 학습 등 다양한 분야의 정보를 볼 수 있지요. 또 국내뿐만 아니라 국외의 정보까지도 안방에서 받아 볼 수 있습니다.

세계의 정보를 한눈으로 읽어 내는 탁월한 인터넷은 많은 사람들로부터 사랑을 받고 있습니다. 그래서 인터넷을 '정보화의 총아'라고 말하지요. 세계화라는 말도 인터넷이 널리 사용되기 시작하면서 확산되었습니다. 이렇듯 인터넷은 현대사회에서 없어서는 안 될 중요한 정보 매체랍니다.

인터넷을 잘못 사용하면 부작용을 낳는다

호철은 지나친 인터넷 게임으로 인해 병원에서 치료를 받고 있지요. 그는 토요일이나 일요일엔 부모 몰래 게임에 몰두했답니다. 그러다 보니 성적은 늦가을 낙엽처럼 뚝뚝 떨어지고, 게임을 하지 않으면 안절부절못하는 금단현상까지 생겼지요. 그리고 어깨 근육의 통증으로 고통도 심했답니다.

게임을 전혀 하지 말라고는 할 수 없겠지요. 그러나 너무 지나치면 안 된다는 것입니다.

감수성이 가장 예민한 시기인 중학교 3학년생 동민은 음란물에 빠져 한동안 많은 어려움을 겪어야 했습니다.

그는 우연히 음란 동영상을 보게 되었지요. 그 후부터 호기심을 참지 못하고 틈만 나면 거듭 보았답니다. 그러다 보니 공부도 잘 안 되고, 머릿속은 온통 여자의 벗은 몸으로 가득 차게 되었지요. 뿐만 아니라 동영상에서 본 것처럼 자신도 직접 해 보고 싶어지더랍니다.

그러던 어느 날, 그날도 음란물을 보다 엄마에게 들키고 말았습니다. 동민은 음란물에 중독되었던 것입니다. 동민은 꾸준히 정신과 치료를 받고 나서야 그 몹쓸 허상에서 벗어날 수 있었답니다.

현정은 인터넷 채팅으로 인해 어려움을 겪은 경우입니다. 처음 얼마간은 불특정한 사람들과 이런저런 수다를 떨고 나면 왠지 스트레스가 싹 가시는 느낌이더래요. 그러나 시간이 가면 갈수록 채팅을 통해 음란한 내용의 글은 물론 음란 사진도 올라왔고, 상대 남자로부터 만나자는 제의가 시도 때도 없이 빗발쳤답니다.

현정은 계속해서는 안 된다는 것을 알면서도 자꾸만 음란 채팅에 빠져들었습니다. 그러다가 10대들을 위한 바른 인터넷 사용법에 대한 강연을 듣고 갖은 노력 끝에 겨우 헤어날 수 있었지요.

아무리 좋은 것이라고 해도

지나치면 문제가 있지요. 과유불급過猶不及 또는 과불급過不及
이란 말이 있는데 이는 '정도가 지나치면 미치지 못한 것과 같
다.'는 말이지요.

　그래요. 옳은 말이지요. 아무리 맛있는 음식이라도 마구 먹
다 보면 배탈이 납니다. 모든 것은 적당히 하는 것이 좋습니다.
그러기에 마음과 행동을 조절하는 것은 매우 중요하지요.

인터넷을 잘 활용하는 것도 지혜다

　인터넷을 잘 활용하면 브리태니커 백과사전영국에서 만든
세계에서 가장 뛰어난 백과사전보다 실용적이지요. 클릭만 하
면 자신이 원하는 정보나 지식을 빠른 시간 안에 얼마든지 쉽
게 얻을 수 있습니다. 그래서 인터넷을 '정보의 바다'라고 하
지요.

　혜영은 인터넷을 통해 자신이 원하는 것은 무엇이든 얻을
수 있어 정보 다이어리까지 만들어 사용하고 있습니다. 그녀
는 인터넷의 효용에 대해 감사하게 생각하지요. 그 중에서도
자신이 진학하고자 하는 학과의 학습에 많은 도움을 받고 있
답니다.

　그녀의 꿈은 소설가입니다. 그녀는 인터넷을 통해 소설 이

론과 소설 작법뿐만 아니라 시, 에세이 등 문학 전반에 대해 많은 것을 배울 수 있었습니다. 그리고 자기 성적에 맞는 대학 3군데를 미리 정해 놓고 거기에 맞춰 준비를 하고 있습니다.

혜영은 인터넷의 순기능을 맘껏 활용하고 있는 지혜롭고 생기발랄한 소녀랍니다.

인터넷은 21세기 정보화의 총아다.

안방에서 국내는 물론 국외의 정보를 손금 보듯 볼 수 있다.

인터넷은 세계를 하나의 지구촌으로 만들어 주었다.

이렇게 가치 있는 인터넷은

잘 사용하면 무궁무진하게 유익하지만,

잘못 사용하면 독이 된다.

인터넷을 잘 활용하는 센스를 갖자.

4장

행복한 삶을 위한
행복채우기

DREAM

청춘

청춘이란 인생의 한 기간이 아니라 그 마음가짐이라네.

장밋빛 뺨, 붉은 입술, 유연한 무릎이 아니라

늠름한 의지, 빼어난 상상력, 불타는 정열,

삶의 깊은 데서 솟아나는 샘물의 신선함이라네.

청춘은 겁 없는 용기,

안이함을 뿌리치는 모험심을 말하는 것이라네.

때로는 스무 살 청년이 아니라

예순 살 노인에게서 청춘을 보듯이

나이를 먹어서 늙은 것이 아니라

이상을 잃어서 늙어 간다네.

세월의 흐름은 피부의 주름살을 늘리나

정열의 상실은 영혼의 주름살을 늘리고

고뇌, 공포, 실망은 우리를 좌절과 굴욕으로 몰아간다네.

예순이든, 열여섯이든 사람의 가슴속에는
경이로움에의 선망, 어린이 같은 미지에의 탐구심,
그리고 삶의 즐거움이 있기 마련이네.

또한 너나없이 우리 마음속에는 영감의 수신탑이 있어
사람으로부터든, 신으로부터든
아름다움, 희망, 희열, 용기, 힘의 전파를 받는 한
당신은 청춘이라네.
그러나 영감이 끊어지고
마음속에 싸늘한 냉소의 눈이 내리고,
비탄의 얼음이 덮여 오면
스물의 한창 나이에도 늙어 버리지.
그러니 영감의 안테나를 더 높이 세우고
희망의 전파를 끊임없이 잡는 한
여든의 노인도 청춘으로 죽을 수 있네.

- 사무엘 울만

열린 마음은
모두를 행복하게 한다

열린 마음은 넉넉한 마음에서 나온다

 사람과 사람이 따뜻한 관계로 이어지려면 서로가 열린 마음을 갖고 살아야 하지요. 한 사람은 마음을 열어 놓고 대하는데 한 사람은 마음을 닫고 건성으로 대한다면 그 둘의 관계는 멀어질 수밖에 없지요.

 열린 마음엔 가식이 없습니다. 마치 탁 트인 바다처럼 시원시원하지요. 그래서 열린 마음을 갖고 사는 사람은 남을 배려하는 데 아주 익숙하답니다. 자연히 대인 관계가 원만해져 생활도 활기찹니다.

상대방을 넉넉한 마음으로 감싸 주는 마음, 그것이 바로 열린 마음입니다.

열린 마음은 남을 배려하는 미덕이다

지석은 지금도 그때의 일을 생각하면 부끄러움이 앞선답니다. 3개월 전, 그는 같은 반 경민이와 심하게 다툰 적이 있었지요. 자율학습 시간 때 있었던 일입니다.

경민이 지석의 옆을 지나가다 실수로 그의 책상을 건드렸습니다. 그 바람에 지석의 책상에 있던 우유팩이 쓰러져 영어문제집과 지석의 교복이 젖고 말았습니다.

"너, 눈 똑바로 못 뜨고 다녀?"

화가 난 지석은 교실이 떠나가도록 크게 소리쳤지요.

"어, 지석아. 미안해."

순간 경민은 빨개진 얼굴로 미안해하며 얼른 손수건을 꺼내 지석의 책상을 닦아 주었답니다.

"이 새끼! 너, 다리만 병신이 아니라 눈도 병신이야?"

지석의 말에 경민이가 웃으며 말했습니다.

"미안하다. 마음 풀어라."

"뭐야, 이 새끼가 누굴 놀리나. 너 왜 웃고 그래? 내가 그렇게 우스워?"

경민은 지석의 과민한 행동에 놀라 얼른 다시 다독였습니다.

"아냐. 놀리긴. 너무 미안해서……."

"미안하면 미안한 표정을 지어야지 왜 웃는 거야, 이 새끼야!"

그때 옆에서 지켜보던 보열이가 말했습니다.

"야, 유지석! 너, 너무하는 거 아냐?"

"뭐가 너무해? 그리고 네가 웬 참견이야?"

"경민이가 다리가 불편해서 본의 아니게 네 책상 좀 건드린 걸 가지고 그렇게 심한 말을 해도 되는 거냐?"

"너, 네 일 아니라고 함부로 말하지 마."

"친구끼리 그 정도도 이해 못 하냐?"

"이 자식, 너 맞기 싫으면 좋은 말로 할 때 빠져!"

놀란 경민이가 얼른 보열이를 말리고 나섰습니다.

"보열아, 난 괜찮아. 너희 그러다 나 때문에 싸우겠다. 지석아, 내가 오늘 밤이라도 영어문제집 새걸로 사다 줄게. 이해하고 그만 하자."

"어휴, 재수 없을라니까 별게 다 기어오르네. 너 이보열, 앞으로 조심해. 낄 데 안 낄 데 가리지 못하고 또 나서면 작살날 줄 알아. 알았어?"

그 일이 있고 나서 일주일 후, 경민은 도서관에 다녀오다 지석이가 두 명의 아이들과 싸움을 하는 것을 보게 되었지요. 지석은 혼자 두 명을 상대하느라 매우 불리한 입장이었습니다. 힘이 달려 일방적으로 맞고 있었지요.

"야, 그만두지 못해!"

경민은 절뚝이며 다가가 상대방 한 아이의 목덜미를 낚아챘지요. 그리고 지석의 편이 되어 그들과 싸웠습니다. 그러나 다리가 불편한 경민은 힘 한 번 제대로 써 보지 못하고 계속 얻어맞기만 했답니다.

지석은 자기를 위해 몸을 던져 싸워 주는 경민을 보고 용기를 얻어 그들을 강하게 밀어붙였습니다. 그러자 그들은 도망을 가 버렸습니다. 그러나 경민이는 그들에게 맞아 입안과 코가 터져 얼굴이 온통 피범벅이 되었습니다. 그런 경민이가 오히려 지석을 걱정했습니다.

"지석아, 어디 다치지 않았어?"

순간 지석은 경민이의 따뜻한 말에 가슴이 뭉클했습니다. 자신에게 호되게 당한 지 며칠 되지 않았는데 위험에 빠진 자신을 위해 불편한 몸으로 맞서 싸워 준 그가 고맙고 미안했던 겁니다.

"난 괜찮아. 근데 너 피가 많이 난다. 얼른 병원부터 가자."

"이 정도로 무슨 병원? 괜찮아. 근데 너 정말 괜찮아?"

경민이는 여전히 지석을 걱정했지요.

"괜찮다니까……. 자, 날 잡고 일어나."

"고마워, 지석아."

"고맙긴. 내가 너에게 고맙지. 안 되겠다. 너, 피가 많이 나잖아. 그러지 말고 병원으로 가자. 돈은 걱정 말고."

둘은 병원으로 가서 치료를 받았습니다. 지석은 마음으로 크게 깨닫고 경민에게 말했지요.

"경민아, 너는 내가 밉지도 않니? 내가 하지 말아야 할 말까지 하며 너한테 못되게 굴었는데……."

"아니. 그땐 사실 내가 잘못했잖아. 그리고 우린 같은 반 친구야. 친구가 어려운 일에 처해 있으면 당연히 도와야지. 너 같아도 마찬가지였을 거야."

"경민아, 지난번 일은 내가 너무했어. 정말 미안하다. 정식으로 사과할게."

"사과는 무슨……. 그런 말 하지 마. 우린 친구잖아."

"고맙다. 경민아."

"나도 고맙다. 너같이 화끈한 친구를 둬서."

그 후 둘은 친한 친구가 되었답니다.

열린 마음은 감동을 준다

무뚝뚝하고 약간은 거칠기까지 했던 지석은 경민이의 열린 마음에 완전히 다른 아이가 되었답니다.

열린 마음은 다른 사람의 마음도 부드럽게 해 줍니다. 조급한 마음을 느긋하게 해 주고, 상대방을 이해하는 사람으로 변하게 만들지요.

열린 마음은 상대방을 감동하게 만듭니다. 그래서 열린 마음을 갖는 것은 아주 중요하지요.

여러분도 다른 사람들에게 열린 마음을 보여 주세요. 그리고 한창 꿈의 골조를 세우는 가슴을 넉넉하게 가꾸세요.

열린 마음은 감동입니다. 열린 마음은 우리 모두를 기쁘게 하는 사랑의 마음입니다.

열린 마음은 상대방을 편하게 한다.

열린 마음은 상대방을 배려한다.

열린 마음은 관대한 마음을 갖게 한다.

열린 마음은 사랑이다.

열린 마음은 감동이다.

열린 마음은 모두에게 기쁨을 준다.

열린 생각, 열린 마음을 갖자.

열린 마음은 행복한 마음이다.

가끔은 책상을 떠나
자연을 찾아가자

가끔은 자연을 찾아 묵은 마음을 씻어 내자

기수네 가족은 무슨 일이 있어도 한 달에 한 번은 자연으로 나갑니다. 기수는 고등학교 2학년이고 동생 기주는 중학교 3학년인데도 아버지는 가족과 함께 자연을 찾아가 즐기지요. 엄마는 아이들 공부가 부족할까 봐 은근히 걱정이 되어 아버지에게 말하면 아버지는 눈 하나 깜짝하지 않고 이렇게 말합니다.

"진정한 공부는 꼭 책상머리에 붙어 있는다고 해서 되는 게 아니야. 기계도 중간 중간 열을 식혀 주어야 하듯 공부에 찌든 머리도 가끔씩 씻어 주어야 더 맑아지는 거야. 그래야 공부를 잘 할 수 있는 거라고……. 사람들은 왜 그렇게 조바심을 하고 애들을 닦달하는지 몰라. 다른 부모들은 다 그래도 우리 애들은 내 방식대로 가르칠 거야."

"아휴, 알았어요. 1절만 해요."

기수 아버지의 긴 교육철학 강의가 시작되려 하면 기수 엄마는 서둘러 막고 나섭니다.

오늘 기수네 가족은 제천에 있는 청풍문화재단을 방문하기로 했지요.

학교가 파하자마자 기수와 기주는 부리나케 집으로 달려왔습니다. 아버지는 벌써 와서 짐을 꾸리고 계셨지요.

"아빠! 일찍 오셨네요."

"그래. 너희들도 어서 준비해라."

아버지의 말에 기수와 기주는 옷을 갈아입고 각자 자신들의 소지품을 챙겼습니다. 그러고 나서 재빠르게 짐을 차에 옮겨 실었습니다.

"아빠, 짐 차에 다 실었어요. 또 할 거 있어요?"

"아니, 다 된 것 같구나. 그러면 어디 떠나 볼까."

기수 아버지는 힘차게 시동을 걸었습니다.

식구들의 얼굴엔 함박웃음이 가득합니다.

얼마 후, 기수네 가족을 실은 차는 서울 시내를 지나가게 되었지요. 대로변 학원가에는 무거운 가방을 든 남녀 학생들이 삼삼오오 짝을 지어 몰려 가고 있었습니다. 그 모습을 바라보는 기수와 기주는 잠시나마 그들 틈에서 벗어난다는 것이 즐거운지 얼굴에는 행복한 웃음이 넘쳤습니다.

자연을 즐겨야 한다는 아버지의 교육관 때문에 기수네가 그 동안 다녀온 곳은 무려 서른 군데가 넘습니다. 기수와 기주는 아버지 덕분에 소중한 경험을 할 수 있어 얼마나 행복한지 모릅니다.

처음에 엄마가 염려했던 성적은 오히려 더 좋아졌답니다. 기수와 기주는 부족한 시간만큼 스스로 알아서 보충하고 잘 해 나갔던 거지요. 아버지를 비롯한 가족 모두가 만족해했고, 정은 더욱 깊어졌지요. 그리고 가족이 있다는 것이 얼마나 행복한 일이며 감사한 일인지 가슴 깊이 느낄 수 있었답니다.

자연은 어머니의 가슴이다

자연은 사람을 포근하게 만들지요. 답답했던 마음도, 속상했던 마음도 넉넉한 자연을 대하면 눈 녹듯 사라집니다.

인간은 자연에서 왔다가 자연으로 돌아간다는 말이 있지요. 그래서 인간과 자연은 하나라고 합니다.

어디 그뿐인가요. 나무도 꽃도 풀도 동물도 모두가 자연에서 왔고, 그 품 안에서 자랍니다. 자연의 가슴이 넉넉한 것은 모두를 품어 주고 받아 주기 때문이죠.

가끔은 아름다운 자연을 찾아가 공부로 쌓인 피로와 스트레스를 푸는 것도 지혜이며, 즐거움입니다.

자연은 인간성 회복의 근원이다

프랑스의 사상가이자 소설가인 루소는 '자연으로 돌아가라.'고 했지요. 그는 인간의 본성을 자연의 일부분으로 파악하려고 했습니다.

자연으로 돌아가라는 말이 담고 있는 의미는, 인간은 본래 자연 상태일 때에는 행복하고 선량한 존재였으나, 자신들이 만든 사회제도와 윤리, 도덕 등 각종 규범에 의해 부자연스럽고 불행한 상태에 빠져 사악한 존재가 되었다는 것이지요. 그래서 다시 참된 인간의 모습으로 돌아가 자연 상태의 인간성을 회복하지 않으면 안 된다는 겁니다.

루소가 말한 대로 자연은 인간성을 회복하는 데 많은 도움을 주지요. 누구나 자연의 고요하고 안온한 품에 있으면 몸과 마음이 맑아집니다. 루소가 말한 '인간의 본성'이란 말은, 쉽게 말하면 인간은 자연에서 왔고, 그 자연으로 돌아가야 한다는 뜻입니다.

아무리 공부가 바빠도 가끔은 자연을 찾아가세요. 자연은 10대들에게 꼭 필요한 산 교육의 현장이며, 어머니의 마음처럼 넉넉한 마음을 배울 수 있는 곳입니다.

마음이 무겁고 답답할 때 자연을 찾아가면
평온하고 고요한 마음이 된다.
이는 인간의 본성이 자연이기 때문이다.
10대들에게 있어 공부는 매우 중요하다.
그러나 공부로 인해 쌓인 스트레스와
피로한 마음을 그대로 두면 정신 건강에 좋지 않다.
그러므로 가끔은 자연으로 돌아가 자연을 배워야 한다.

한 달에 한번은
문화 체험을 하자

문화는 사람의 마음을 따뜻하게 한다

"엄마, 저는 엄마랑 같이 문화 체험을 하는 것이 정말 좋아요."

기영은 엄마의 손을 꼭 잡고 말했습니다.

"그래? 엄마랑 같이 구경 다니는 것이 그렇게나 좋아?"

"네, 마지막 주 토요일이 얼마나 기다려지는지 아세요?"

"그래, 엄마도 예쁜 딸과 같이 다니는 게 좋단다."

"정말?"

"그럼, 기영이가 있다는 것이 엄마에겐 큰 행복이지."

기영이와 엄마는 금요일 저녁 식사 후 과일을 먹으며 도란도란 이야기를 나누었습니다. 그 모습이 너무 다정해 한 폭의 그림 같았지요.

기영은 어떤 일이 있더라도 한 달에 한 번은 반드시 문화 체험을 한답니다. 문화 체험이라고 하면 좀 거창하게 들릴지도 모르지만 가볍게 이야기하면 구경이나 관람, 감상입니다. 그 분야는 영화, 연극, 거리 공연, 미술 전시회, 박물관 탐방, 클래식 음악회, 국악 한마당, 열린음악회, 도자기 감상 및 도예지 탐방 등 아주 다양합니다.

엄마, 아버지는 외동딸인 기영이에게 다양한 문화 체험을 통해 너그러운 마음을 길러 주고 싶어 합니다. 그래서 가족 모두 함께 가기도 하고, 아버지가 바쁠 땐 엄마와 같이 갑니다.

기영은 문화 체험을 통해 다양한 예술 세계를 경험했습니다. 그리고 문화는 사람에게 꼭 필요한 '영혼의 양식'이라는 것을 알게 되었지요.

문화는 정신세계를 풍요롭게 하는 영혼의 양식이다

문화 체험을 통해 얻어지는 것은 참 많지요. 미적 감각과 고운 심성, 그리고 풍부한 정서를 한꺼번에 기를 수 있지요.

문화는 오래전 옛날에도, 동서양 어디에도 존재했답니다. 지금도 세계 도처에는 많은 문화 유적이 남아 있지요.

문화의 주류를 이루는 것을 예술이라고 합니다. 다양한 예술 체험은 인간의 감정을 자극시켜 풍부한 감성을 길러 주고 마음을 풍요롭게 해 줍니다. 밥이 건강한 몸을 위해 필요하다면 예술은 건강한 정신을 위해 필요하지요.

예술의 목적은 미美의 탐구에 있습니다. 여기서의 '미美'란 아름다움을 말하지요. 이 아름다움은 겉으로 드러나는 외적인 아름다움과, 눈으로는 보이지 않는 심성의 아름다움으로 나뉩니다.

괴테는 "미는 예술의 궁극적 원리이며, 최고의 목적이다."라고 했지요.

그리고 장 파울은 "예술은 빵은 아니라 할지라도 적어도 포도주는 된다."고 했습니다.

이 두 말의 뜻은, 예술은 사람에게 없어서는 안 될 중요한 가치라는 것입니다.

기영은 비록 한 달에 한 번밖에 못하는 문화 체험이지만 이를 통해 많은 것을 느끼고 배울 수 있었답니다.

공부도 중요하지만 한 달에 한 번은 문화 체험을 하자

인간의 수명을 80년이라고 했을 때 10대는 몸과 마음이 가장 활발하게 성장하는 아주 중요한 시기이지요. 즉 어린 묘목이 탄탄하게 뿌리를 내려 어떤 비바람에도 흔들리지 않게 자라는 시기입니다. 따라서 이때를 어떻게 활용하느냐에 따라 인생의 틀이 달라집니다.

공부란 인생의 지적 자양분을 공급받고, 삶의 토대를 만드는 수단이지요. 그러나 문화는 건강한 정신과 윤택한 마음을 기르는 '인생의 필수 요소'입니다.

그런데 공부에만 집착하여 문화 생활을 멀리하면 영양을 불균형적으로 섭취하는 것처럼 안정된 정서와 정신 발달을 이루지 못합니다.

요즘은 문화 콘텐츠가 다양하여 그 어느 때보다 접할 수 있는 기회가 많지요. 아무리 공부에 바빠도 잠시 짬을 내어 연극이나 오페라 공연장을 찾고 영화관과 미술 전시관도 가 보세요. 그것이 사람답게 사는 방법을 배우는 진짜 공부랍니다.

"엄마, 오늘 '살타첼로' 공연 정말 좋았지요?"

"그래. 무척 감동적이었어."

"난 공연도 좋았지만 외국 사람들이 우리나라 음악을 사랑해서 그처럼 열정을 갖는다는 게 인상적이었어요."

"그랬어? 엄마도 그렇게 생각했는데……."

오늘 기영은 엄마와 독일 5인조 재즈 연주단인 '살타첼로'의 연주회를 보았답니다.

집으로 향하는 기영의 얼굴엔 행복의 웃음꽃이 싱그럽게 피어났습니다.

문화 체험은 다양한 예술을 접하게 해
정신 건강을 탄탄하게 해 준다.
문화의 본질은 사람들의 삶을 윤택하게 하는 데 있다.
지금은 아주 다양한 문화 콘텐츠가 있어
마음만 먹으면 얼마든지 문화 체험을 할 수 있다.
음악, 영화, 연극, 미술 등 그 어느 것도
빼놓을 수 없는 중요한 콘텐츠이다.
한 달에 한 번만이라도
딱딱한 책상에서 벗어나 문화의 현장으로 가자.
풍요로운 정서와 아름다운 인생을 위해 시간을 내자.
무엇이든 그냥 되는 것은 없으므로
적극적으로 찾아나서야 한다.

하루에 한 번은
집안일을 하자

할 일은 스스로 찾아서 하자

우리는 10대의 기간을 특별한 시간으로 여기지요. 그래서 공부 외에 다른 일은 절대로 해서는 안 되는 것처럼 생각합니다. 이런 생각을 하는 10대들은 자기 주변의 아주 쉬운 일도 하지 않으려고 합니다. 뭐든지 부모가 해 주는 거라고 생각하지요.

10대들이 이런 생각을 갖게 된 것은 마음이 나빠서가 아니라 환경 탓입니다.

공부! 공부! 오직 공부 외엔 할 것이 없다고 여기는 마음, 그 마음이 10대들의 생각을 편협하게 만든 것이지요.

10대라는 시기는 따로 떨어져 있는 것이 아니라 자기 생애의 일부분입니다. 따라서 그 생애의 주인공이 스스로 알아서 관리해야 합니다. 자신이 할 일을 스스로 하는 멋진 10대들이 되었으면 해요.

하루에 적어도 한 번은 집안일을 하자

유빈은 고등학교 2학년입니다. 그 역시 다른 아이들처럼 공부로 인해 스트레스를 받을 수밖에 없는 평범한 10대이죠. 그러나 그는 매일 자기 방의 청소는 물론, 일주일에 한 번은 아버지의 차도 세차를 합니다. 유빈이가 이런 일을 할 땐 아주 기꺼운 마음으로 하지요. 하지만 처음부터 그랬던 건 아닙니다.

햇살 좋은 어느 일요일, 유빈은 마당에 있었는데 갑자기 엄마의 비명 소리가 들렸죠. 그는 재빠르게 소리 나는 곳으로 달려갔습니다. 그곳은 자신의 방이었답니다. 엄마는 넘어진 채로 아픔을 참지 못하고 쩔쩔맸습니다.

"어, 엄마! 왜 그래요?"

놀란 유빈이 더듬거리며 물었지요.

"아, 아냐. 괜찮아. 걱정하지 마."

엄마는 아픔을 참고 태연한 척 말했지만 유빈은 은근히 걱정이 되었답니다.

"엄마, 제 손 잡고 일어나 보세요."

유빈의 말에 엄마는 일어서려다가 얼굴을 찌푸린 채 다시 주저앉고 말았지요.

"엄마, 왜 그래요?"

"다리가 잘못 됐나 봐."

"다리가요?"

"응."

"어떡하죠, 엄마?"

"그러지 말고 콜택시를 불러 줄래?"

"콜택시요?"

"그래."

콜택시가 도착하자 유빈은 엄마를 부축해서 병원으로 갔지요. 진료 결과 발목뼈를 삐었다고 했어요. 엄마는 근 한 달 동안 고생을 하며 치료를 받아야만 했답니다.

엄마가 다친 이유는 유빈이 책상 밑에 벗어놓은 운동복 바지에 걸려 넘어졌기 때문입니다.

유빈은 엄마에게 너무 죄송했답니다. 자신이 습관적으로 아무렇게나 벗어 놓은 옷 때문에 엄마가 다쳐서 마음이 아팠지요. 그래서 그동안은 엄마가 자신의 방을 청소해 주셨는데 이제부터는 자신이 해야겠다고 마음먹고, 청소를 하기 시작했지요. 뿐만 아니라 엄마가 아픈 동안에는 가끔씩 설거지와 빨래도 했지요. 엄마가 할 땐 힘이 드는지 전혀 몰랐는데 막상 자신이 해 보니 쉬운 일이 아니었습니다.

엄마니까 당연히 집안일을 해야 한다고 여겼던 자신의 무관심을 깊이 반성하고는 엄마가 다 나은 후에도 계속해서 청소를 했지요.

일하는 즐거움을 느껴 보자

유빈은 아버지를 위해서도 뭔가를 하고 싶었답니다. 그래서 일주일에 한 번씩 아버지의 차를 세차하기로 했지요. 비록 일주일에 한 번 하는 세차였지만 마음에서 우러나와 하기 때문에 귀찮다는 생각보다는 즐거움이 더 컸답니다.

"야, 우리 유빈이 덕에 아빠 차가 호강을 하는구나."

아버지는 이렇게 말하며 자신보다 한 뼘이나 더 큰 아들의 등을 두드려 주었지요. 그럴 때마다 유빈의 마음속에서 기쁨의 샘물이 펑펑 솟아나는 것을 느꼈답니다.

세차를 끝내고 마주 앉아 음료수를 마시며 아버지와 나누는 대화는 유빈이에게 아버지의 정을 듬뿍 느끼게 해 주었지요.

아버지 또한 유빈이가 고등학생이 되면서 부자지간에 대화가 줄어들었는데, 유빈의 이야기를 들으면서 아들의 진심을 알 수 있었지요.

우리나라의 가정들은 아버지는 아버지대로 아이들은 아이들대로, 서로 바쁘다는 이유로 거의 대화 없이 지낸다고 합니다. 그러다 보니 속마음은 그렇지 않은데 사랑이 식은 것처럼 애틋한 감정의 교류가 없다고 해요. 겉으로 보기엔 참으로 평안해 보이지만 대화 없는 가정은 어느 순간 위기가 찾아오면 쉽게 무너집니다.

우리는 누구나 행복하게 살 권리와 의무를 갖고 있지요. 이 소중하고 아름다운 행복을 위해 우리 10대들도 가족의 한 구성원이라는 사실을 잊지 마세요.

가정의 모든 행복은 저절로 오는 것이 아니라 가족 모두가 함께 노력할 때 오는 '사랑의 선물'이랍니다.

우리나라 10대들처럼

하는 일이 단조로우면서도 시간적으로 바쁜 나라도 없다.

집에서도 학교에서도 오직 공부, 공부를 해야 하기 때문이다.

그래서 공부보다 더 뛰어난 소질이 있는지

확인해 보지도 못하고 10대를 보낸다.

사정이 이러하니 10대들이 집안일을 거든다는 것은 생각도 할 수 없다.

이는 분명 잘못된 교육이다.

과거에 우리 부모들은 그 힘든 농사일과

집안일을 거들면서 공부도 하고, 자신이 해야 할 일은 다 했다.

그렇게 해서 현재 우리나라의경제 발전을 이루었다.

사람은 생각이 중요하다.

지금이라고 해서 과거처럼 못할 것이 없다.

공부도 중요하지만 가족의 사랑도 중요하다.

가족을 위해 하루에 한 번만이라도

아니, 일주일에 한 번만이라도 집안일을 하자.

집안일은 정해진 누군가가 하는 것이 아니라

가족 모두가 함께 하는 것이다.

아버지와 함께
여행하기

아버지는 가정의 기둥이다

아버지는 가정의 기둥이자 방패이지요. 아버지가 건강하고 마음이 즐거워야 가정이 행복하답니다. 아버지가 건강하지 못하고 즐겁지 않은 가정은 그늘이 드리워져 있을 수밖에 없지요.

어느 가정이나 아버지의 존재는 참으로 소중합니다.

그런데 지금 우리나라의 아버지들이 위기에 처해 있어요.

직장에서는 언제 해고당할지 몰라 늘 전전긍긍하고, 집에서는 엄마와 자녀들의 관심 밖으로 밀려나 그야말로 돈이나 버는 기계로 전락한 지 이미 오래입니다.

지금 대한민국의 아버지들은 마음 놓고 편히 쉴 곳이 없다고 해요. 아버지가 흔들리면 가정이 쓰러질지도 모릅니다.

아버지!

가정을 튼튼하게 받치고 선 기둥이며 뿌리입니다.

아버지와 여행을 하자

"아빠, 아직 멀었어?"

"아니, 다 됐어. 배낭은 실었니?"

"응. 벌써 실어 놨어."

"그래? 아빠도 다 됐어. 그럼 나가자."

아버지는 환하게 웃으며 방에서 나왔습니다.

"당신은 좋겠수. 딸하고 여행도 즐기고."

엄마는 부러운 듯 말합니다.

"그럼, 좋지! 왜 샘나시나?"

"그래요. 샘나 죽겠어요."

"그래? 그럼 죽어 봐. 어디."

"뭐, 뭐라고요? 이이가 정말……."

엄마는 이렇게 말하며 아버지의 옆구리를 간질여댔지요.

"하하하! 아, 아냐. 취, 취소할게. 하하하!"

아버지와 엄마는 행복하게 웃습니다.

"엄마, 다녀올게."

소라는 엄마를 부둥켜안았지요.

"아이 숨 막혀. 그만해."

"알았어, 엄마. 안녕."

"그래, 재밌게 여행하고 와."

엄마와 소라는 오랜 기간 헤어지는 것처럼 요란을 떱니다. 아버지는 흐뭇한 얼굴로 엄마와 딸을 바라보지요.

고등학교 1학년인 소라가 아버지와 함께 여행을 다니기 시작한 것은 중학교 3학년 때부터입니다. 그때 소라는 한창 예민한 사춘기라서 짜증과 불평불만이 많은 소녀였지요. 엄마를 하녀처럼 부려 먹고, 동생인 우람이에게 못되게 구는 인정 없는 딸이자 누나였지요.

아버지한테도 못되게 굴긴 마찬가지였어요. 더구나 소라 아버지는 딸 가진 아버지가 대개 그렇듯이 소라라면 깜빡 죽었거든요.

소라 아버지는 딸 사랑이 다른 아버지보다 더 유별스러웠습니다. 소라 역시 아버지를 친구처럼 생각했고요.

아버지는 소라가 버릇없이 굴어도 사춘기이고, 또 고등학교 입시생이란 이유로 면죄부를 주었죠.

그런데 그런 딸이 너무 변해 버렸어요.

때문에 아버지가 갑자기 폭발을 하고 말았습니다.

어느 날, 퇴근을 하고 집으로 돌아온 아버지는 도저히 참을 수 없는 광경을 보았어요. 아무리 사랑하는 딸이라 해도 더 이상 봐줄 수 없었지요. 소라가 옷이란 옷은 죄다 방바닥에 헤쳐 놓고 입을 옷이 없다며 엄마한테 난리를 치고 있었습니다. 엄마를 마치 자신의 시녀처럼 대하는 모습에 아버지는 경악했지요.

"소라, 너 지금 엄마한테 뭐하는 짓이야?"

"아빤 몰라도 돼!"

소라는 아버지의 물음에 소리를 빽! 질러댔어요. 그 모습은 불량 소녀의 모습 그대로였습니다.

"너, 이 녀석! 보자 보자 하니까 네 멋대로구나. 누가 부모한테 소리를 지르고 버릇없이 굴어! 내가 널 그렇게 가르쳤니?"

"아빠도 미워. 잘 알지도 못하면서!"

"뭘 알지 못해?"

"나 입을 옷이 없단 말야. 그런데 엄마는 옷 사줄 생각을 안 해. 사 주기 싫으면 사 주기 싫다고 하지. 치! 치사하게 변명이나 하잖아!"

"뭐야, 이 녀석 말하는 태도 좀 봐. 엄마한테 치사하다니, 그게 무슨 말버릇이야?"

소라의 버릇없는 말에 아버지는 화가 나서 그만 소라의 뺨을 때리고 말았답니다.

그 순간 소라는 울음을 터뜨리면서 자기 방으로 뛰어 들어갔어요. 그리고 집이 떠나가도록 문을 쾅! 닫아걸었지요.

"아니, 저 녀석이 정말! 너, 이리 안 나와?"

아버지는 소라의 방문 앞에서 소리쳤죠.

"소라 아빠, 그만두세요. 쟤가 지난번 시험 망치고 스트레스를 많이 받아서 그래요. 옷을 사줄 걸 그랬나 봐요."

보다 못한 엄마가 아버지를 말렸습니다.

"그래도 그렇지. 이게 부모한테 할 태도야? 괘씸한 녀석 같으니라고……."

아버지는 쉽게 화가 풀리지 않았습니다.

그날 이후 소라는 엄마에게도, 아버지에게도 말을 안 했지요. 엄마도, 아버지도, 그러는 소라도 답답하긴 마찬가지였습니다.

그렇게 지낸 지 두 달이 된 어느 날, 아버지는 편지를 써서 소라의 책가방에 몰래 넣었답니다. 소라는 학교에서 뜻밖에도 아버지의 편지를 보게 되었어요. 처음엔 안 보려고 그냥 책가방에 구겨 넣었지만, 이내 궁금해져 점심을 먹고 운동장가에 있는 벤치에서 편지를 꺼내 읽기 시작했지요.

세상에서 가장 사랑하는 내 딸 소라에게

소라야,

사랑하는 예쁜 내 딸 소라야!

아빠는 우리 소라가 내 딸이 되었다는 게 얼마나 고마운지 늘 신께 감사한단다.

네가 이 세상에 처음 태어났을 때 아빠는 너무 좋아서 펄쩍펄쩍 뛰며 병원을 돌아다녔다. 그 모습을 보고 사람들이 수군거려도 아빠는 아랑곳하지 않고 소리쳤었지.

"야, 나도 이제 아빠가 되었다. 나에게도 예쁜 딸이 생겼다!"

너는 모를 거야. 그때 아빠가 얼마나 기쁘고 행복했는지.

그리고 네가 자라서 유치원에 다니고, 초등학교에 들어갔을 때 아빠는 이렇게 기도했다.

"하나님, 소라가 이제 초등학교에 들어갔습니다. 그동안 예쁘고 건강하게 잘 키워 주셔서 정말 감사합니다. 앞으로 계속해서 건강하고 예쁜 마음을 갖고 자라게 지켜 주십시오. 부모를 소중히 여기는 아이가 되게 해 주시고, 선생님을 존경하며, 친구들과 사이좋게 어울리는, 마음이 따뜻한 아이가 되게 해 주십시오. 하나님, 우리 소라 잘 부탁 드립니다."

그리고 아빠는 고이 잠든 네 모습을 보고 너무 행복해 눈물을 왈칵 쏟고 말았지. 너는 그만큼 아빠나 엄마에게 아주 귀한 딸이란다.

너도 생각날지 모르겠구나. 네가 걸스카우트 단원으로 야영을 갔을 때 갑자기 네가 아프다는 연락을 받고 속초에 있는 널 보기 위해 미친 듯이 달려갔던 일을. 너를 만나러 가는 길이 엄마와 아빠에게는 너무 멀고 긴 시간처럼 느껴졌었지. 큰일이라도 생긴 건 아닌지 얼마나 가슴을 졸였는지 모른단다.

허겁지겁 도착해 병원에 누워 있는 너를 보고 엄마와 아빠는 무척이나 놀랐지만 더 큰 병이 아닌 것을 진심으로 감사히 생각했지. 급성 장염이었지만 다행히 큰 탈 없이 바로 일어나게 되어 정말 기뻤다. 그때를 생각하면 지금도 마음 한켠이 서늘해진다.

소라야,

그런 네가 중학생이 되고, 고교 입시생이 되니 무척 감사하고 고맙구나. 그동안 자라 오면서 너는 공부도 잘하고, 노래, 미술, 글쓰기 등 뭐든지 뛰어나 큰 상도 여러 차례 받았지. 그러니 너는 학교에서도 많은 관심을 받았고 엄마 아빠에게는 자랑스러운 딸이었다.

하지만 그런 네가 두 달 전에 보인 모습은 너무나 의외여서 아빠는 '쟤가 내 딸 맞아?' 하고 당황했단다. 그러나 지금은 이해할 수 있어.

소라야,

네가 입을 닫고 있으니까 집안이 온통 활기가 없어 사는 재미가 없구나. 우리 소라가 목련화처럼 활짝 웃으며 집안 가득 기쁨의 향기를 퍼뜨리던 때가 그립다.

소라야,

예전의 우리 소라로 돌아와 주겠니? 엄마와 아빠는 우리 소라를 믿는다.

소라야,

너무 소중하고 예뻐서 늘 자랑스런 내 딸 소라야, 네가 아빠의 마음을 받아 준다면 공부 마치고 아빠와 자주 갔던 피자 가게로 오렴. 우리 소라 올 때까지 아빠가 기다리고 있을게.

–소라를 무척이나 사랑하는 아빠가

편지를 읽어 내려가는 소라의 눈에서 방울방울 눈물이 맺혀 떨어지더니, 편지를 다 읽고 나서는 흐느껴 울었습니다. 편지 가득 아버지의 크고 넓은 사랑이 감동의 물결을 일으키며 닫힌 마음을 흔들었던 것이지요.

소라는 엄마, 아버지의 뜨거운 사랑을 알게 되었답니다.

공부를 마치자마자 소라는 아버지와 만나기로 한 곳으로 부리나케 달려갔습니다. 가게에 들어서자 저쪽 편에 있던 아버지가 활짝 웃으며 손을 흔들어 주었어요. 소라 역시 예쁜 미소를 지으며 아버지 앞에 앉았답니다.

"소라야, 고맙다. 나와 줘서."

"아빠……, 미안해."

소라는 아버지의 말을 듣자 가슴이 뭉클해지며 눈물이 났습니다. 소라의 우는 모습을 사랑스러운 눈길로 바라보던 아버지가 말했지요.

"녀석 울긴……. 그만 뚝!"

"아빠, 용서해 줄 거지?"

"그럼, 용서해 주고말고. 그러니 눈물 뚝! 어서!"

아버지는 이렇게 말하며 손수건을 꺼내 소라의 눈물을 닦아 주었습니다. 아버지의 체취가 느껴지자 소라는 더욱 미안한 마음이 들었답니다.

"아빠, 고마워."

"나도 고맙다. 소라야, 사랑한다."

"나두 아빠 사랑해."

아버지와 소라는 맛있는 피자를 먹으며 예전의 다정했던 부녀로 돌아왔고, 그날 이후 한 달에 한 번씩 배낭여행을 다니며 부녀의 사랑을 흠뻑 나누었지요.

오늘은 충북의 충주로 여행을 간답니다.

차는 중부고속도로를 힘차게 달려갑니다. 하늘은 구름 한 점 없이 맑고 푸르러 소라와 아버지는 기분이 무척 상쾌했습니다.

"우리 공주님, 기분이 무척 좋은가 보죠?"

"네, 황제 폐하."

"뭐, 황제 폐하? 하하하, 그거 말 된다. 하하하!"

아버지와 소라의 큰 웃음소리가 차창 밖으로 빠져나가 푸른 창공으로 퍼져 갑니다.

가족은 모두가 소중하다

소라는 여행을 통해 아버지의 크고 넓은 사랑을 깨달았지요.

집이 아닌 다른 공간에서 아버지는 그 누구보다 든든하고 자상했습니다. 소라는 그런 아버지를 존경하였고, 친구처럼 다정하게 생각하였지요. 그리고 엄마에 대해서도 깊은 애정을 느낄 수 있었습니다. 뿐만 아니라 가족은 누구나 소중한 존재라는 것과 가족 모두가 함께 행복해야 진정으로 행복한 가족이라는 것을 알았습니다.

이 글을 읽는 여러분들도 가족 모두를 위해서라면 나만의 고집과 이기심을 버려야 합니다. 가족은 모두 소중하니까요.

집안의 기둥이 되는 아버지. 아버지는
가족의 행복을 위해서라면 무슨 일이라도 하고,
고통이나 슬픔이 파도처럼 밀려와도 모두 참아 낸다.
때문에 아버지의 눈물은 가족 모두의 눈물이고,
아버지의 웃음은 가족 모두의 기쁨이다.
그런 아버지가 소외받고, 가정의 중심으로부터 멀어지고 있다.
아버지의 뒷모습이 한없이 쓸쓸해지고 있다.
아버지가 흔들리면 가정이 흔들린다.
아버지들이 무너지면 대한민국이 무너진다.
아버지와 함께 하는 시간을 만들자.
아버지와 함께 하는 여행은 큰 의미가 되어 줄 것이다.
아버지! 아버지를 사랑하고, 또 사랑하라.

무슨 일이든 부모님께
터놓고 얘기하자

부모님은 생명의 근원이다

명주는 평소 무슨 일이든 부모님께 터놓고 얘기합니다.

그런데 사춘기에 접어들면서부터 말을 잘 하지 않기 시작했습니다. 이는 대한민국 10대들의 전형적인 모습이죠.

대다수의 청소년들은 사춘기에 접어들면 아무리 속상한 일이 있어도 부모님께 말씀을 드리지 않고 혼자서 끙끙대며 고민에 고민을 거듭합니다. 그러다가 끝내는 귀한 목숨까지 끊어 버리는 무서운 일을 벌이기도 하지요.

부모님이란 누구인가요? 자식을 낳아서 먹이고 입히고 가르치기만 하는 의무만을 지닌 분이라고 생각한다면, 그것은 매우 잘못된 생각입니다.

부모님은 자식을 위해서라면 불구덩이라도 뛰어 들어가고, 무서운 사자와도 맞섭니다. 자식이 굶으면 자신의 살이라도 베어서 먹이고, 자식이 아프면 자신의 피를 뽑아서라도 살리려고 하는 분이시죠. 부모님은 자식의 영원한 스승이며, 생명을 나누어 준 가장 은혜롭고 위대한 분입니다.

부모님은 자녀의 영원한 스승이다

명주가 고등학교 1학년 때 있었던 일이랍니다.

항상 웃음과 애교가 많은 명주였는데 어느 날부터인가 웃음을 잃고, 말수도 줄어들었답니다. 그동안 명주에게서 이런 모습을 한 번도 볼 수 없었기에 엄마는 잔뜩 긴장을 하고 지켜보기로 했지요. 혹 일시적인 일일 수도 있다고 생각했는데 일주일이 지나고, 열흘이 넘어도 좀체 나아질 기미가 보이지 않았지요. 이런 말 저런 말로 속내를 유도해 보았지만 짜증만 낼 뿐이었습니다.

할 수 없이 엄마는 아버지에게 그동안 있었던 일을 세세히 말하며 대화를 나누어 보라고 권했지요. 그래서 아버지가 말했습니다.

"명주야, 오랜만에 아빠랑 산책할까?"

"……."

명주는 엷은 미소만 띤 채 고개를 좌우로 흔들었습니다.

"왜? 아빠는 명주하고 산책하고 싶은데 싫어?"

"응. 피곤해."

"피곤해? 어디 아픈 건 아니고?"

"응. 그냥 많이 피곤해."

"그래? 그러면 내일 공부 마치고 아빠 사무실로 올래?"

"왜? 무슨 일 있어?"

"아니. 그냥 우리 딸하고 맛있는 것도 먹고 데이트하고 싶어서."

"꼭 그래야 돼?"

"그래! 꼭 그러고 싶다. 너하고 데이트한 지도 오래됐잖아. 그러고 보니 네가 고등학교에 들어가곤 한 번도 못 했네. 아빠가 너무 무관심했구나. 미안해. 내일 나올 거지?"

아버지는 다정하게 명주의 머리를 쓰다듬어 주었습니다. 명주는 입술을 지그시 깨물더니 마지못해 말했지요.

"알았어, 갈게."

"그래, 기다리마."

아버지는 그렇게 명주와 약속을 했지요.

다음날, 명주가 아버지를 찾아갔답니다. 아버지는 명주와 함께 레스토랑으로 갔지요. 그리고 명주가 좋아하는 햄버그스테이크를 사 주었습니다. 그렇게 식사를 하고, 근처에 있는 백화점으로 갔답니다.

"우리 명주, 아빠가 예쁜 옷 사 주고 싶은데……."

"안 그래도 괜찮아!"

"아냐. 우리 명주가 아빠랑 데이트도 해 주니 정말 예뻐서 그래."

아버지의 말에 잠깐 머뭇거리던 명주가 말했습니다.

"그럼, 나 청바지 사 줘."

"청바지? 그래, 맘에 드는 걸로 골라 봐."

아버지는 명주와 같이 청바지 코너로 갔지요. 명주가 청바지를 고르는 동안 아버지는 아주 흐뭇한 표정으로 명주를 바라보며 생각하였지요.

'저 녀석이 언제 저렇게 컸지.'

"아빠, 이거 어때?"

"야! 멋지다. 내 딸 옷 고르는 안목이 보통이 아니네."

아버지의 칭찬에 명주는 함박웃음을 지었답니다.

셈을 치르고 나서 아버지와 명주는 이런저런 이야기를 하며 집을 향해 걸었지요. 명주의 얼굴엔 엷은 미소가 샐비어 향기처럼 번졌습니다. 아버지는 명주를 사랑스런 눈길로 바라보다가 슬며시 말을 꺼냈습니다.

"명주야, 우리 저기 좀 잠깐 앉았다 가자."

명주는 고개를 끄덕이며 동의하였지요.

아버지와 명주는 공원 벤치에 앉았습니다.

아버지가 조심스럽게 입을 열었지요.

"명주야, 요즘 네게 무슨 일이 있는 거니?"

"……."

"아빠는 언제나 네 편이야. 요즘 네가 예전 같지 않은데 무슨 일 있는 거 아냐? 있으면 솔직하게 말해 봐! 힘든 일이면 아빠가 도와줄게."

명주는 아버지의 말에 움찔하더니 작은 목소리로 말했습니다.

"정말? 나 도와줄 거지?"

"그래, 약속할게."

명주는 가볍게 심호흡을 하더니 말을 하기 시작했지요.

얘기인즉, 전국 고교 영어경시대회에 참가할 학교 대표 선발대회에서 탈락한 친구가 매사에 자신을 괴롭히고 험담을 한다는 것이었습니다. 그 친구는 공부에서 명주와 항상 라이벌 관계에 있는데 자신이 선발대회에서 떨어진 것을 명주 탓이라고 생각한다는 것이었습니다. 명주가 영어 선생님한테 잘 보이려고 갖은 아양을 다 떨며, 그것도 모자라 비싼 선물까지 했다고 주변 친구들에게 헛소문을 내고 다닌다고 했습니다.

명주는 이야기를 하면서 그동안 마음고생이 얼마나 심했던지 엉엉 소리 내어 울었습니다. 아버지는 그런 명주를 꼬옥 안아 주며 말했습니다.

"명주야, 그런 일을 왜 진작 말하지 않았어. 말했더라면 아빠와 엄마가 도와주었을 텐데……. 이젠 걱정하지 마. 아빠랑 해결 방안을 찾아보자. 알았지?"

아버지의 말에 명주는 더욱 서럽게 울었습니다.

다음날, 아버지는 담임 선생님을 만나 그동안 명주에게 있었던 일을 얘기하며 협조를 구하고, 당사자인 그 친구를 만났습니다.

"수희라고 했지?"

"네."

"수희는 참 예쁜 외모를 가졌네. 그리고 리더십도 좋고, 공부도 잘한다고 칭찬이 대단하더구나."

"누가 그래요?"

"우리 명주가. 너희 담임 선생님도 그러시고."

"아, 예……."

수희는 명주 아버지의 말에 이내 부드러운 표정이 되었습니다.

"수희야, 아저씬 이렇게 멋지고 실력 있는 수희랑 우리 명주가 좋은 친구가 된다면 좋겠다. 그래서 학교 공부를 마치고 긴 인생을 살아갈 때 서로 당겨 주고 밀어주는 좋은 친구가 되었으면 하는데, 네 생각은 어떠니?"

"……."

고개를 숙이고 묵묵히 듣고 있던 수희가 갑자기 훌쩍이며 울기 시작했습니다. 명주 아버지는 당황하여 말했지요.

"왜, 무슨 일이지? 아저씨가 뭘 잘못했니?"

"아, 아니요."

"그러면 왜?"

"그냥, 마음이 슬퍼서요."

"……."

명주 아버지는 수희가 울음을 멈출 때까지 기다렸습니다.

잠시 후 수희가 말을 했지요.

수희 아버지는 3년 전 수희가 중학교 1학년 때 사고로 돌아가셨고, 엄마가 제과점을 운영하며 자신과 동생을 힘들게 키운다고 했습니다. 그래서 뭐든지 잘해 엄마를 기쁘게 해 드리고 싶었는데, 그게 마음대로 잘 안 돼 속상해서 명주에게 못되게 굴었다고 했습니다. 명주 아버지는 수희의 마음을 충분히 이해할 수 있다며 위로해 주었습니다.

다음날, 수희는 명주에게 그간의 일을 사과하며 좋은 친구가 되겠다고 약속을 했고, 이후 그 약속대로 실천을 하였지요.

고등학교 2학년이 된 지금 명주와 수희는 모두가 부러워하는 친구 관계를 유지하고 있답니다. 그리고 명주 아버지는 수희를 친딸처럼 여기며 명주와 여행을 갈 때도 함께 데리고 가고, 외식도 함께 하며 가끔씩 용돈도 주었지요. 수희는 그런 명주 아버지를 아버지라고 부른답니다.

무슨 일이든 부모님께 터놓고 얘기하자

　그 일이 있고 나서 명주는 아버지를 매우 자랑스럽게 생각했죠. 자신의 고민을 단번에 해결해 주었을 뿐만 아니라 수희를 멋진 친구로 만들어 주었으니까요. 뿐만 아니라 친구 수희를 친딸처럼 대해 주는 너그러운 아버지를 진심으로 존경하게 되었답니다.

　그 후, 명주는 작은 일도 그냥 지나치지 않고 아버지께 이야기했습니다. 남자 친구는 물론 성 문제까지 부끄러움 없이 죄다 얘기했어요. 그러면 아버지는 자상하게, 때로는 친구처럼 적절한 조언을 해 주셨지요.

　부모님은 누구나 명주 아버지와 같은 마음을 갖고 있지요. 아무리 곤란하고 힘든 일이라도 혼자 고민하지 말고 부모님께 탁 터놓고 얘기를 하세요. 그럴 때 부모와 자식 간의 사랑은 더욱 깊어진답니다.

우리나라 10대들은 부모님을 신뢰하지 않는 것 같다.

어려운 일이 있으면 혼자 고민하지 말고

부모님께 모두 터놓고 얘기하라.

부모님은 가장 좋은 친구이자 스승이므로

부모님께 못할 얘기는 없다.

부모님보다 자신을 더 잘 아는 사람은 없으니까!

이제 어떤 일도 혼자 고민하지 말고 부모님께 알리자.

부모님은 자식을 가장 아끼고 사랑하는 분이시다.

부모님
여행 보내 드리기

부모님은 가장 고마우신 분이다

　세상에서 가장 고마우신 분은 부모님이죠. 부모님이 안 계신다면 나란 존재는 아예 없었을 테니까요.

　부모님은 자식을 낳아 바람이 불면 날릴세라, 비가 오면 젖을세라, 눈이 내리면 추울세라, 늘 노심초사하며 먹이고, 입히고, 가르칩니다. 그래서 당당하게 살아갈 수 있게 한 인격체로 만들어 줍니다.

　세상에서 가장 힘든 일은 자식을 키우는 일이죠. 그런데도 부모님은 기쁜 마음으로, 사랑하는 마음으로, 몸을 아끼지 않고 자식을 돌보지요. 하지만 자식들은 그런 부모님의 마음을 잘 알지 못합니다. 늘 불평을 해대고, 자신만을 위해 달라고 떼쓰지요. 이것이 부모와 자식의 차이랍니다.

부모님께 여행을 보내 드리자

"엄마 아빠, 준비 다 됐어요?"

"응, 다 됐다."

오늘은 엄마와 아빠가 2박 3일 경주로 여행을 떠나는 날입니다. 그런데 엄마와 아빠가 여행을 할 수 있게 준비한 사람은 바로 주희 남매랍니다.

누나인 주희와 남동생인 주영은 새해를 맞으며 약속한 것이 있었죠. 둘이 돈을 모아 엄마 아빠 결혼기념일에 여행을 보내 드리기로 한 것입니다.

주희와 주영은 용돈을 절약하고, 세뱃돈 중 일부를 떼어 모으고, 여름방학 때 피자 가게에서 보름 동안 아르바이트를 하였답니다. 이렇게 해서 모은 돈이 40만 원이나 되었지요.

"누나, 이게 다 우리가 모은 돈이란 말이지?"

중학교 1학년인 주영은 스스로 생각해도 대견한 듯 말했지요.

"그래. 우리가 모은 돈이야. 주영아, 고마워."

주희는 돈을 함께 모은 주영을 칭찬해 주었답니다.

"누난, 함께 한 건데 뭐가 고마워. 누나만 자식인가 뭐……."

주영은 제법 어른스럽게 말하며 어깨를 으쓱하였답니다.

주희와 주영은 편지를 써서 돈과 함께 엄마의 화장대에 올려놓고 학교로 갔습니다.

세수를 하고 화장대 앞에 앉은 엄마는 편지와 봉투를 발견하였죠.

"어, 이게 무슨 편지지?"

엄마는 편지를 읽기 시작했습니다.

사랑하는 엄마 아빠께

엄마, 아빠!

곧 있을 결혼기념일 축하 드려요.

항상 저희를 위해 최선을 다하시는 엄마 아빠!

늘 감사하게 생각하고 있어요. 그걸 잘 알면서도 가끔씩 속을 썩여 드릴 때가 있어 너무 죄송해요.

그렇지만 엄마 아빠, 저희가 엄마 아빠를 얼마나 사랑하는지 모르시죠? 제 마음속에도, 주영이 마음속에도 항상 엄마 아빠 생각이 가득 차 있어요. 한시도 엄마 아빠의 사랑을 잊어 본 적이 없답니다. 정말 고맙고 감사해요. 그리고 저희 걱정은 마세요. 저도 주영이도 열심히 공부하며 건강하게 지낼게요.

엄마, 아빠!

이번 결혼기념일에는 두 분께서 가까운 곳에라도 여행을 다녀오시면 좋겠다고 생각했어요. 그래서 여행 경비를 마련하려고 저와 주영이가 여름 방학 때 아르바이트도 하고, 또 엄마 아빠가 주시는 용돈도 아껴 모았어요. 이렇게 저희가 만들어 드린 돈으로 여행을 가시면 더 즐거우실 거예요.

집은 저희가 잘 지키고 있을 테니 걱정하지 마시고 즐겁게 다녀오세요.

엄마, 아빠!

지금은 저희가 어려서 이것밖에 못해 드리지만 이 다음에 대학을 마치고 직장인이 되면 그땐 해외 여행을 시켜 드릴게요.

엄마 아빠, 너무너무 사랑하고 존경해요.

정말 고맙습니다.

– 엄마 아빠의 사랑하는 딸 주희·아들 주영 올림

편지를 읽고 난 엄마의 눈에서 주르르 눈물이 흘러내렸습니다. 아직 철부지로만 여겼던 아이들이 이토록 엄마 아빠를 사랑하는 줄 몰랐던 거지요. 더군다나 엄마 아빠의 결혼 기념 여행 경비를 마련하기 위해 아르바이트를 하고, 넉넉지 못한 용돈을 절약한 걸 생각하면 너무 대견스러웠습니다.

엄마는 아이들 방으로 가서 주희와 주영이 사진에 뽀뽀를 해 주며 행복해했지요. 그러고 나서 아빠에게 전화를 해 자신이 받은 감동을 그대로 전해 주었답니다. 그러자 아빠도 감격한 목소리로 말했지요.

"신통한 녀석들! 어떻게 그런 기특한 생각을 다 했지? 여보, 오늘 저녁 우리 외식합시다. 내 한턱 쏠게. 아이들 데리고 나와요."

아빠가 전화를 끊고 마냥 행복한 표정을 짓자 맞은편에 있던 박 대리가 물었습니다.

"부장님, 무슨 좋은 일이라도 있으세요?"

"그럼, 있고말고."

주희 아빠는 엄마에게 들은 대로 말했지요.

"부장님은 좋으시겠습니다. 효자들을 두셔서……."

"그럼, 당연하지. 누구 자식들인데. 하하하!"

박 대리의 말에 아빠는 큰 소리로 웃었답니다.

그날 저녁, 주희네 가족은 맛있는 저녁도 먹고, 노래방에 가서 신나게 놀며 행복한 시간을 보냈지요.

자식은 부모의 영원한 사랑의 끈이다

이 세상 모든 자식은 엄마, 아빠의 사랑을 먹고, 그 사랑 안에서 자라는 '사랑의 나무'입니다. 엄마, 아빠는 자식을 잘 키우기 위해 마른자리 젖은 자리를 가리지 않고 최선을 다하지요.

"아버지는 나를 낳으셨고 어머니는 나를 기르셨으니, 아! 슬프다. 부모님이시여, 나를 낳아서 기르시느라 얼마나 고생이 많으셨을까? 넓고 넓은 부모님의 은덕을 갚고자 하나 하늘보다 넓어 갚을 길이 없구나."

이는 《시경詩經, 중국에서 가장 오래된 시집》에 나오는 말입니다.

또한 공자는 "자식이 효도로 부모를 섬길 때 평소 기거함에는 공경을 다하고, 봉양할 때에는 즐거움을 다하고, 부모가 병이 났을 때에는 지극한 근심으로 간호하고, 부모님이 돌아가셨을 때에는 슬픔을 극진히 하고, 부모님의 제사를 지낼 때에는 엄숙한 마음으로 생전의 부모님을 모시듯 해야 한다."고 말했지요.

《시경》이나 공자의 말이 아니더라도 부모님은 자식을 낳아 먹이고, 입히고, 가르치고, 길러서 참된 인격체로 완성시켜 주시는 인생의 스승이자 생명의 은인이십니다.

이런 부모님을 위해 여러분이 할 수 있는 일을 찾아 실천하세요. 부모님께서는 자식 키운 보람을 평생 가슴에 안고 자랑스러워하실 거예요.

"아버지께서 부르시면 머뭇거리지 말고 '예' 하고 바로 대답하고,

밥이 입안에 있으면 그것을 뱉고 대답하여야 한다."

공자의 말이다.

부모님은 생명의 근원이시고, 사랑의 실천자이시고,

자식에게 있어 우주와 같은 분이다.

이런 부모님을 위해 그 말씀에 순종하고,

기뻐하실 일을 찾아서 해 드리자.

그 감동은 영원히 부모님의 가슴에 남아

인생의 보람으로 여기실 것이다.

감사의 편지를
자주 쓰자

감사하는 마음을 갖자

감사하는 마음으로 사는 것이 행복입니다. 누군가에게 혹은 무언가에 감사하는 마음은 그윽한 향기가 있습니다.

감사하는 마음을 갖고 사는 사람의 눈은 사슴의 눈처럼 맑고 순결해 보입니다. 그러나 감사하는 마음이 없는 사람의 눈은 탁하고 아집으로 가득 차 있지요. 감사하는 마음으로 사는 사람은 여유가 있지만, 감사할 줄 모르는 사람은 불평과 불만으로 가득 차 있습니다.

감사할 줄 아는 마음은 겸손합니다. 하지만 감사함을 모르는 마음은 자칫 거만해지기 쉽습니다. 감사하는 마음으로 살면 더욱 아름답고 행복해지지요.

감사의 편지를 자주 쓰자

아미는 편지 쓰는 것을 좋아하지요. 고마웠던 사람들을 기억해 두었다가 꼭 편지를 쓴답니다. 하지만 처음부터 그랬던 건 아니랍니다.

아미가 감사 편지를 쓰기 시작한 것은 중학교 2학년 때부터입니다.

그때 아미는 안동에 있는 외갓집에 다녀오는 길에 중요한 수첩이 든 손가방을 잃어버렸지요. 그 수첩에는 친한 친구들의 전화번호와 생일 날짜, 그리고 가장 친했던 친구 사라가 미국으로 이민 가면서 준 금빛 줄무늬 머리핀이 들어 있었지요. 그 머리핀은 친구 사라의 분신과도 같은 것이어서 아미의 슬픔은 무척 컸답니다.

아미는 자신의 조심스럽지 못한 행동을 스스로 질책하며 속상해했지요. 그런데 그 일이 있고 나서 일주일 후 아미 앞으로 택배가 배달되었지요. 보낸이는 박진서라고 쓰여 있었는데 처음 보는 주소의 처음 보는 이름이었지요. 아미는 궁금한 마음에 얼른 포장지를 뜯었답니다. 박스 안엔 편지와 손가방이 들어 있었고, 손가방 안의 수첩과 머리핀도 그대로 있었습니다.

아미는 머리핀을 가슴에 안고 편지를 읽었지요.

편지를 보낸 박진서라는 사람은 대학생이었습니다. 편지에는 수첩에 적힌 주소로 택배를 보낸다는 말과 소중한 물건은 잘 간직하라는 충고가 간단하게 적혀 있었습니다.

아미는 이처럼 고마운 사람이 있음을 마음속으로 깊이 감사했습니다. 그래서 정성껏 감사의 편지를 쓰고는 《아침이 행복해지는 책》 한 권을 사서 함께 포장해서 보냈지요. 그러고 나니 가슴 깊은 곳으로부터 기쁨이 몽실몽실 피어오름을 느꼈습니다. 그리고 깨달았지요, 감사 편지를 쓰는 것이 행복한 일이라는 것을.

"엄마, 감사 편지를 한다는 게 이렇게 마음을 기쁘게 하는 일인 줄 오늘 처음 알았어요."

"그래? 아주 의미 있는 발견을 했구나. 요즘처럼 삭막한 세상에 남의 물건을 주워 택배로 부쳐 준다는 것은 여간한 마음이 아니면 하기 힘든 일이지. 그런데 아직도 그처럼 마음이 고운 사람들이 있어서 감동을 주는구나. 아미야, 너도 그런 사람이 되었으면 좋겠다."

"네, 그럴게요. 저도 박진서 오빠 같은 사람이 될게요."

아미와 엄마는 오순도순 이야기를 나누며 한여름 더위를 식혔답니다.

이 일이 있은 후 아미는 조그만 일이라도 감사하게 생각되는 사람에게 정성껏 편지를 보냈습니다. 고등학교 3학년이 된 지금, 그동안 아미가 보낸 감사 편지는 무려 127통이나 되었고, 그 사람들로부터 받은 편지는 107통입니다. 그녀가 편지를 보낸 사람들은 초등학교와 중학교 때의 선생님, 군인, 친구, 문구점 주인아저씨, 구청 공무원, 청소년 수련원 직원 등 아주 다양했지요.

감사한 마음은 사랑을 가르쳐 준다

아미는 감사 편지를 쓰면서 많은 변화를 겪었답니다. 쌀쌀맞고 따지기 좋아하던 성격이 솜사탕처럼 부드럽고 따뜻한 성격으로 변했습니다. 양보와 배려하는 마음이 없던 그녀가 남을 먼저 생각하는 사람으로 변한 것입니다.

감사 편지는 감사하는 마음을 가져야 쓸 수 있지요. 그런 마음이 없으면 억지로는 쓸 수 없는 게 감사 편지입니다.

진정으로 감사하는 마음을 기르고 싶다면 작은 일에서부터 감사 편지를 쓰기 시작하세요. 감사하는 마음은 사랑을 가르쳐 줍니다. 그리고 행복한 마음도 선물로 준답니다.

감사하는 마음을 갖고 사는 사람의 눈은 샘물처럼 맑다.

미소는 솜사탕처럼 부드럽고 가슴엔 기쁨의 향기가 가득 차 있다.

속은 넉넉하고 하는 이야기마다 희망을 준다.

감사하는 마음이 바로 사랑이기 때문이다.

고마웠던 분들에게 감사 편지를 쓰자.

감사 편지는 받는 사람뿐만 아니라 쓰는 사람도 행복하게 만든다.

감사는 행복의 또 다른 이름이다.